São José – O pai, o artesão
e o educador

Dados Internacionais de Catalogação na Publicação (CIP)
(Câmara Brasileira do Livro, SP, Brasil)

Boff, Leonardo
   São José : O pai, o artesão e o educador / Leonardo Boff ; – Petrópolis, RJ : Vozes, 2012.

   Bibliografia.

   1ª reimpressão, 2021.

   ISBN 978-85-326-2456-7

   1. José, Santo I. Título.

10-10996   CDD-232.932

Índices para catálogo sistemático:
1. José : Santo : Reflexão teológica : Cristianismo   232.932

Leonardo Boff

São José
O pai, o artesão e o educador

EDITORA
VOZES

Petrópolis

© by Animus / Anima Produções Ltda., 2005
Caixa Postal 92.144 – Itaipava
25741-970 Petrópolis, RJ
www.leonardoboff.com.br

Direitos de publicação em língua portuguesa:
2011, Editora Vozes Ltda.
Rua Frei Luís, 100
25689-900 Petrópolis, RJ
www.vozes.com.br
Brasil

Assessoria Jurídica e Agenciamento Literário:
Cristiano Monteiro de Miranda
(21) 9385-5335
cristianomiranda@leonardoboff.com

Todos os direitos reservados. Nenhuma parte desta obra poderá ser
reproduzida ou transmitida por qualquer forma e/ou quaisquer meios
(eletrônico ou mecânico, incluindo fotocópia e gravação) ou arquivada em
qualquer sistema ou banco de dados sem permissão escrita da editora.

CONSELHO EDITORIAL

Diretor
Gilberto Gonçalves Garcia

Editores
Aline dos Santos Carneiro
Edrian Josué Pasini
Marilac Loraine Oleniki
Welder Lancieri Marchini

Conselheiros
Francisco Morás
Ludovico Garmus
Teobaldo Heidemann
Volney J. Berkenbrock

Secretário executivo
João Batista Kreuch

Diagramação: Sheilandre Desenv. Gráfico
Capa: Adriana Miranda

ISBN 978-85-326-2456-7

Esta obra foi inicialmente publicada pela Verus, em 2005.

Editado conforme o novo acordo ortográfico.

Este livro foi composto e impresso pela Editora Vozes Ltda.

Disse Jesus:
"Quando fordes revestidos de minha força e receberdes o
Sopro de meu Pai, isto é, o Espírito Paráclito, e quando
fordes enviados a pregar o Evangelho, pregai também a
respeito de meu querido pai José."

(Do evangelho apócrifo *História de José o carpinteiro*,
capítulo XXX, n. 3, entre os séculos IV e V no Egito)

*A **José** Oscar Beozzo* e
*A Neylor **José** Tonin,*
Amigos que nunca perdi.

SUMÁRIO

O evangelho de José, 9

1 Como falar de São José hoje, 13

2 Desfazendo mal-entendidos e clichês, 27

3 José da história: artesão, pai, esposo e educador, 43

4 O São José da fé: os evangelhos, 87

5 O São José do imaginário: os apócrifos, 107

6 O São José da razão: a reflexão teológica, 129

7 O São José de Deus: a ordem da união hipostática, 147

8 São José do Pai: a personalização, 165

9 A Família divina na família humana, 175

10 O Pai celeste no pai terrestre, 187

11 A família à luz da sagrada família, 197

12 A figura do pai à luz de São José, 213

Conclusão A Santíssima Trindade inteira está entre nós, 227

Referências, 235

Livros de Leonardo Boff, 247

Índice, 253

O EVANGELHO DE JOSÉ

São José não nos deixou nenhuma palavra. Entregounos seu silêncio e seu exemplo de homem justo, trabalhador, esposo, pai e educador. Vamos fazer o repertório das passagens do Segundo Testamento que se referem a ele.

1 Genealogia de seu filho Jesus

Na longa lista dos antepassados de Jesus, José é o último elo. Mateus começa com Abraão e termina assim: *"Jacó foi pai de José, esposo de Maria, da qual nasceu Jesus Cristo"* (1,16).

Lucas começa por José, cujo pai não é Jacó, mas Heli, e termina em Adão e em Deus. Diz: *"Ao iniciar o ministério, Jesus tinha uns trinta anos, filho, segundo se pensava, de José"* (3,23).

2 Anunciação do nascimento de seu filho Jesus

Lucas narra assim a anunciação:

"No sexto mês, o Anjo Gabriel foi enviado da parte de Deus para uma cidade da Galileia, chamada Nazaré, a uma virgem, prometida em casamento a um homem, chamado José, da casa de Davi {...}. Disse Maria ao anjo: 'Como poderá ser, pois não conheço homem?'" (1,26-27.34).

Mateus escreve assim:

"Maria, sua mãe, estava prometida em casamento a José. Mas, antes de morarem juntos, ficou grávida do Espírito Santo. E sendo homem justo e não querendo denunciá-la, José, seu marido, resolveu abandoná-la sem escândalo. Mas, enquanto assim pensava em seu coração, eis que um anjo do Senhor lhe apareceu em sonho e disse: 'José, filho de Davi, não tenhas receio de receber Maria, tua esposa. Pois o que nela foi gerado é do Espírito Santo. Dará à luz um filho, a quem darás o nome de Jesus. É Ele que salvará o povo de seus pecados {...}'. E, tendo acordado, José fez como lhe propusera o anjo do Senhor e aceitou sua mulher. E não a conheceu até que deu à luz um filho, e nele pôs o nome de Jesus" (1,18-21; 24-25).

3 O nascimento de seu filho Jesus

Lucas narra assim o nascimento de Jesus:

"Naqueles dias saiu um decreto de César Augusto ordenando o recenseamento de toda a terra. Esse foi o primeiro recenseamento no governo de Quirino na Síria. Todos iam alistar-se, cada um em sua cidade. Também José subiu da Galileia, da cidade de Nazaré, à Judeia, à cidade de Davi, chamada Belém, porque era da casa e família de Davi, para se alistar com Maria, sua esposa, em estado de gravidez {...}. Os pastores disseram uns aos outros: 'Vamos já para Belém, para ver o acontecimento que o Senhor nos manifestou'. Foram com presteza e encontraram Maria, José e o menino deitado numa manjedoura" (2,1-5.15-16).

4 A fuga para o Egito

"Depois que os magos partiram de volta, um anjo do Senhor apareceu em sonho a José e disse: 'Levanta, toma o menino e a mãe,

foge para o Egito e fica lá até que te avise. Pois Herodes vai procurar o menino para o matar'. Levantando-se José tomou o menino e a mãe, de noite, e partiu para o Egito. E ali esteve até a morte de Herodes" (Mt 2,13-15).

5 A família vai morar em Nazaré

"Quando Herodes morreu, um anjo do Senhor apareceu em sonho a José no Egito e disse: 'Levanta-te, toma o menino e a mãe e retorna à terra de Israel. Pois já morreram os que procuravam matar o menino. José levantou-se, tomou o menino com a mãe e foi para a terra de Israel. Mas, tendo ouvido que Arquelau reinava na Judeia em lugar de seu pai Herodes, teve receio de ir para lá. Avisado em sonho, retirou-se para as bandas da Galileia, indo morar numa cidade chamada Nazaré, para que se cumprisse o que foi dito pelos profetas: 'Será chamado nazareno'" (Mt 2,19-23).

6 Apresentação de Jesus no Templo

"Terminados os dias da purificação deles segundo a lei de Moisés, levaram-no para Jerusalém a fim de apresentá-lo ao Senhor {...}. Os pais introduziram o menino Jesus no Templo, a fim de cumprirem a respeito dele o prescrito na lei {...}. O pai e a mãe estavam maravilhados com o que se dizia dele {...}. Cumpridas todas essas coisas, segundo a lei do Senhor, voltaram à Galileia, para Nazaré, sua cidade" (Lc 2,22.27.33.39).

7 Jesus aos 12 anos no Templo

"Todo ano, na Festa da Páscoa, os pais iam a Jerusalém. Quando ele completou 12 anos, subiram a Jerusalém, segundo o costume da festa. E, acabados os dias de festa, quando voltaram,

o menino Jesus ficou em Jerusalém, sem que os pais o percebessem. Pensando que estivesse na caravana, andaram o caminho de um dia e o procuraram entre parentes e conhecidos. E, não o achando, voltaram a Jerusalém à procura dele. Três dias depois o encontraram no Templo, sentado no meio dos doutores, ouvindo e fazendo perguntas. Todos os que o escutavam maravilhavam-se da inteligência e de suas respostas. Quando o viram, admiraram-se e a mãe lhe disse: 'Filho, por que agiste assim conosco? Olha que teu pai e eu, aflitos, te procurávamos'. E ele lhes respondeu: 'Por que me procuráveis? Não sabíeis que eu devia estar na casa de meu Pai?' E desceu com eles, vindo para Nazaré, e lhes era submisso" (Lc 2,41-51).

8 Filho de José, o carpinteiro

"Jesus foi para a sua terra e ensinava na sinagoga de maneira que, admiradas, as pessoas diziam: 'Não é ele o filho do carpinteiro? Não se chama sua mãe Maria e seus irmãos Tiago e José, Simão e Judas? Suas irmãs não estão todas entre nós?'" (Mt 13,54-56).

"Todos se puseram a falar dele e, maravilhados das palavras cheias de graça que saíam de sua boca, diziam: 'Não é este o filho de José?'" (Lc 4,22).

"Filipe encontrou Natanael e lhe falou: 'Achamos aquele de quem escreveram Moisés na lei e os profetas: Jesus, filho de José de Nazaré', {...} Murmuravam dele os judeus porque dissera: 'Eu sou o pão que desceu do céu. E diziam: Não é ele Jesus, filho de José? Não conhecemos seu pai e sua mãe? Como pode dizer: Desci do céu?" (Jo 1,45; 6,41-42).

1
Como falar de São José hoje

O que se pode dizer sensatamente sobre São José? Dele não temos nenhuma palavra. Nossa cultura e a teologia são feitas em grande parte de palavras faladas e escritas. Faltando estas, a memória se perde, a inteligência se ofusca e somos entregues ao imaginário que, notoriamente, não tem censura nem limites.

Por essa razão São José não encontrou ainda seu lugar dentro da reflexão teológica. É como se fosse uma ilha desgarrada do continente teológico ou como se simplesmente não existisse. Ele pertence antes à piedade popular que à meditação dos papas, dos teólogos e dos estratos letrados do cristianismo. Mesmo assim, milhões de pessoas, de instituições e de lugares levam seu nome: José.

1 O resgate da figura de São José

Nas últimas décadas, no entanto, houve uma retomada vigorosa dos estudos sobre ele, somente comparável ao que houve no século XVII, quando em toda a cristandade irrompeu significativa reflexão sobre São José. Mas praticamente todos os teólogos o fazem um subtema da cristologia ou da mariologia. Face a Jesus e a Maria, ocupa um papel secundário e complementar. Sua missão é dar segurança à mãe e cuidar do menino Jesus. Realizadas essas funções, pode desaparecer, como efetivamente o fizeram desaparecer.

Outras vezes o tratamento é desarticulado e sem organicidade com os demais temas da revelação e da teologia. Aproveita-se a figura de São José para se abordar a importância da família, em geral, e da paternidade, em particular. Prevalece, entretanto, o gênero devocional e piedoso, sem um diálogo fecundo com as contribuições trazidas pelas ciências acerca desses temas sempre candentes.

Mas não queremos ser injustos. Existe uma plêiade de notáveis investigadores e teólogos, como T. Stramare na Itália, B. Llamera na Espanha, R. Gauthier e R. Robert no Canadá, F.L. Filas e L. Bourassa Perrota nos Estados Unidos, H. Rondet e A. Doze na França, J. Stöhr e F. Brändle na Alemanha, entre outros[1]. Criaram-se também alguns centros de documentação e pesquisa de notável seriedade, com suas respectivas revistas, que se dedicam ao estudo de São José (josefologia) e que levantaram todos os dados disponíveis através dos séculos acerca do tema. Existem, catalogados, quase vinte mil títulos de todo gênero de literatura[2]. Aí se encontram materiais riquíssimos, em sua grande maioria de caráter histórico, para aprofundamento e sistematização do pensamento acerca do pai de Jesus e esposo de Maria.

Nós, na medida do possível, os utilizaremos. Queremos agradecer aqui ao Centre de Recherche et de Documenta-

---

1. Os livros desses autores serão citados oportunamente ao longo do presente estudo.

2. Cf. GAUTHIER, R. *Bibliographie sur Saint Joseph et la Sainte Famille*. Montreal: Oratoire Saint-Joseph, 1999, 1.365 p.; cf. tb. os sites na internet com a bibliografia josefina: www.redemptoriscustos.org/bibliof_es.html

tion do Oratório São José, em Montreal, especialmente na pessoa de seu diretor, Pierre Robert, e da secretária, Karine, por terem colocado a imensa biblioteca, das maiores na área, à minha disposição para reunir a bibliografia e ter acesso a livros raros e a revistas de josefologia. Sem a amabilidade deles, este livro não teria sido escrito, dadas as condições de periferia em que vivemos, longe dos centros metropolitanos de reflexão e de publicação.

Transcrevemos o belo testemunho do conhecido escritor internacional Paulo Coelho, grande devoto de São José:

"Das cinco vezes que a palavra *sonho* aparece no Novo Testamento, quatro se referem a José. Sempre sendo convencido por um anjo a fazer exatamente o contrário do que estava planejando.

Não abandone sua mulher. Sim, ele podia dizer coisas do tipo: "O que os vizinhos vão pensar?"

Vá para o Egito. "Mas eu já estou aqui estabelecido como carpinteiro, tenho minha clientela, não posso deixar tudo de lado agora!"

Volte do Egito. E São José podia ter de novo pensado: "Mas logo agora que eu consegui estabilizar de novo minha vida e que tenho uma família para sustentar?"

Mas, ao contrário do que o senso comum manda, José segue seus sonhos. Sabe que tem um destino a cumprir: proteger e sustentar sua família. Como milhões de Josés anônimos, ele procura dar conta da tarefa, mesmo tendo que seguir sonhos que estão eventualmente além de sua compreensão. Mais tarde, tanto a mulher como um dos filhos se transformam nas grandes referências do cristianismo. O terceiro pilar da família, o operário, é lembrado apenas nos presépios de final de ano, ou por aqueles que têm uma devoção especial por ele, como é o meu caso.

Portanto, um livro sobre José é uma bênção, porque mostra o operário, o pai, o homem que segue sonhos, a pessoa que provê o pão para que seu filho possa consagrá-lo. O revolucionário que aceita ser guiado pelo mundo invisível. O protetor e o mestre – porque, sem os valores familiares inculcados por ele, toda a história podia ter sido diferente.

Leio muitas vezes algumas aberrações do tipo: "Jesus foi para a Índia aprender com os mestres do Himalaia". Para mim, todo homem aprende com a tarefa que lhe é dada pela vida, e Jesus aprendeu enquanto fazia as mesas, as cadeiras, as camas. No caminho das pessoas comuns estão todas as lições que Deus nos dá todos os dias, e basta incluir a palavra *amor* na luta diária, e ela se transforma em um ofício sagrado.

No meu imaginário, gosto de pensar que a mesa onde o Cristo consagrou o pão e o vinho, teria sido feita por José – porque ali estava a mão de um carpinteiro anônimo, que ganhava a vida com o suor do seu rosto e, justamente por causa disso, permitia que os milagres se manifestassem".

2 O objetivo de nossa reflexão

Qual é a tarefa que nos propomos?

Propomo-nos responder à pergunta: Tem São José uma relação única e singular com o Pai celeste a ponto de se poder afirmar que representa a personificação do Pai? A partir daí, qual é sua relação com o Filho encarnado em Jesus e com Maria, sua esposa, sobre a qual o Espírito Santo armou sua tenda? Qual o significado da família Jesus-Maria-José em relação com a Família divina Pai-Filho-Espírito Santo?

O fato de não ter deixado nenhuma palavra, de receber mensagens somente através de sonhos, de ser a figura silenciosa do Segundo Testamento, não é fortuito nem carente de sentido. Esse silêncio carrega uma mensagem cuja significação deve ser decifrada. São José é um artesão e não um rabino. Nele contam mais as mãos que a boca, mais o trabalho que as palavras.

Tarefa da teologia é se interrogar sobre Deus e sobre todas as coisas à luz de Deus, não apenas a partir dos textos bíblicos, das tradições herdadas e das doutrinas fixadas pelo magistério eclesiástico, pois eles não encapsulam Deus nem tolhem o âmbito da revelação. O Deus vivo continua se autocomunicando na história e, desse modo, é sempre maior, rompendo as barreiras das religiões, dos textos sagrados, das autoridades doutrinais, das teologias e das cabeças das pessoas. Por isso, importa buscar Deus na criação como a entendemos hoje, como imenso processo de evolução ascendente, na história humana, na produção do próprio pensamento criativo.

Deus é mistério fontal, por isso todos os saberes e todas as palavras são insuficientes. Sempre de novo somos desafiados a retomar o esforço de compreensão e de aprofundamento, mesmo conscientes de que Ele continua mistério em todo conhecimento.

Importa, pois, ultrapassar os limites de tudo o que se disse e se tradicionou acerca de São José, fruto da piedade, das artes plásticas e literárias e da reflexão. Cabe sempre fazer o confronto entre São José e a condição humana e descobrir os significados religiosos que daí derivam. Concretamente, urge tirar São José da marginalidade em que foi deixado e dar-lhe a centralidade que merece.

Faz-se mister, outrossim, respeitar a humildade de São José, tão violada por uma josefologia de exaltação e de enumeração de privilégios e virtudes. Esse foi o discurso predominante entre os teólogos, particularmente no século XVII, quando se elaboraram os primeiros tratados sobre São José. Essa maneira magnificadora de falar contaminou a linguagem posterior, especialmente a dos papas. Ele deve, sim, ser venerado, mas respeitando-se a forma discreta e severa que os evangelistas usam quando se referem a ele.

Ousamos fazer uma teologia *radical*. Quer dizer, pretendemos colocar Deus na *raiz* de tudo e pensar as coisas até o seu fim. Ao falarmos de José, queremos falar de Deus assim como os cristãos o professam, sempre como Trindade de Pessoas: o Pai, o Filho e o Espírito Santo.

Esse Deus-Trindade se autocomunicou na história. Nessa perspectiva radical, não é suficiente termos o Filho e o Espírito Santo com suas respectivas missões na humanidade. Isso pode gerar, como gerou, o cristocentrismo (Cristo é o centro de tudo) e até o cristomonismo (só o Cristo conta). Ou pode dar origem a um carismatismo exacerbado, isto é, a uma visão da era do Espírito Santo, como em Joaquim de Fiore, no século XIII, que pretende deixar para trás a era do Filho. Ou pode criar uma comunidade só de carismas, sem um mínimo de organização. Ou um cristianismo de puro entusiasmo e de exaltação da experiência religiosa, como é corrente hoje no cristianismo mundial, afastado da cruz, das questões da justiça dos pobres e das limitações da condição humana. Precisamos da presença entre nós das três Pessoas divinas: Pai, Filho e Espírito Santo. Junto do Espírito Santo e do Filho deve estar também o Pai. Caso contrário, ficamos como que dependurados no ar, sem o sentido de origem e de fim de todo o mistério da revelação e autocomunicação de Deus na história, que é representado pela Pessoa do Pai.

3 São José nos ajuda a entender mais de Deus

Em outras palavras, queremos falar de Deus a propósito de São José, mas do Deus da experiência cristã, que é sempre Trindade, comunhão, relação e eterna inclusão das Pessoas umas nas outras[3].

Dessa perspectiva arranca nossa pretendida teologia radical. É *radical* porque pretende ir às raízes e *radical* porque quer ir até a profundidade derradeira das questões.

Vejamos isso no caso que nos interessa: São José está envolvido com duas Pessoas divinas. Em primeiro lugar, com o Espírito Santo, que veio sobre sua esposa Maria e a cobriu com sua sombra (cf. Lc 1,35: armou sua tenda) de tal forma que ficou grávida de Jesus. Em segundo lugar, com o Filho, que também armou sua tenda (cf. Jo 1,14) e se encarnou em Jesus, filho dela. Ele, como dirão os teólogos a partir do século XVI, entrou, através de Maria e de Jesus, numa relação hipostática. Explico o termo: *relação hipostática* é aquela pela qual São José se relaciona de forma

---

3. Para um estudo mais preciso sobre este tema cf. BOFF, L. *A Trindade e a sociedade*. 5. ed., Petrópolis: Vozes, 2003 [ou sua versão mais simplificada: *A Santíssima Trindade é a melhor comunidade*. 7. ed., Petrópolis: Vozes, 1993].

única e singular com as duas Pessoas divinas (*hipóstase*, donde vem hipostático, significa "pessoa", em grego e na teologia oficial). Portanto, ele começa a pertencer à ordem que é própria das divinas Pessoas. Sem José não há encarnação concreta assim como os evangelhos a testemunham. Nessa relação ficou excluído o Pai. O Pai, dizem os teólogos, foi quem enviou o Filho na força do Espírito Santo. Mas ele, no entendimento comum da teologia, ficou em seu mistério insondável, dentro da Trindade imanente.

Será que é só isso que podemos dizer do Pai? Deus-Trindade não se revela assim como é, vale dizer, como Trindade? Não caberia um lugar para a autocomunicação e revelação do Pai? Quem melhor que José, pai de Jesus, o Filho encarnado pela ação do Espírito Santo, para ser a personificação do Pai celeste? Sim, essa tese vamos defender em nosso texto. Semelhantemente ao Filho e ao Espírito Santo, o Pai também armou sua tenda entre nós, na pessoa de São José.

Não dizemos que o desígnio de Deus é de suma sabedoria, suprema harmonia e inarredável coerência? Esse desígnio, por ser divino, possui essas características supremas. A própria teologia, em sua elaboração, procura sempre um espírito coerente e sinfônico, articulando todas as verdades entre si e pondo à luz as conexões existentes entre a verdade de Deus, a verdade da revelação, a verdade da criação e a verdade da história.

Nesta coerência e sinfonia ousamos afirmar que a Trindade inteira se autocomunicou, se revelou e entrou definitivamente em nossa história. A Família divina, num momento preciso da evolução, assumiu a família humana. O Pai se personalizou em José, o Filho em Jesus e o Espírito

Santo em Maria. Como se o universo inteiro preparasse as condições para esse evento de infinita bem-aventurança.

Atingimos, destarte, a máxima coerência e a suprema sinfonia: a humanidade, a história e o cosmos em evolução são inseridos no Reino da Trindade. Faltava-nos uma peça nessa arquitetônica de inenarrável completude: a personalização do Pai na figura de José de Nazaré.

Mais à frente, em seu devido lugar, daremos as mediações antropológicas e teológicas que permitem a projeção desta hipótese teológica, a que chamamos tecnicamente de *teologúmenon* ("teoria teológica"). Não se trata de doutrina oficial, nem se encontra nos catecismos e nos documentos oficiais do magistério. Mas é uma hipótese teológica bem fundada, fruto do trabalho criativo da teologia que é, como dissemos, a diligência de mais e mais penetrar nos *profunda Dei*, nas profundidades do mistério de Deus-Trindade.

4 Da obscuridade à plena luz

Nossa ousadia teológica quer evitar a impressão de arrogância. Ela, na verdade, representa a culminação de ideias que são correntes nos estudos sobre São José. Nosso trabalho foi o de explicitar e pensar até o fim o que ficava a meio caminho e que estava dito implicitamente. Nosso esforço se entronca com toda uma linha ascendente de reflexão que se foi formulando ao longo do tempo. Da obscuridade ela lentamente chegou à plena luz.

Se bem notarmos, há uma evolução crescente e persistente com referência ao resgate de São José[4]. Passamos,

---

4. Cf., no capítulo VI, um apanhado histórico mais detalhado dessa questão.

primeiramente, por uma fase de inconsciência, nos primeiros séculos do cristianismo, quando São José só era referido a propósito dos comentários evangélicos da infância de Jesus. Mas sobre ele não se pronunciou nenhuma homilia, como se fez sobre Maria e sobre o próprio menino Jesus.

Depois, somente a partir do século XIII São José ganhou significado com os mestres medievais, que já perceberam seu lugar no mistério da salvação, especialmente, da encarnação. Do inconsciente, pois, passou-se ao subconsciente.

A consciência, mesmo, surgiu no século XVI, com Isidoro de Isolanis († 1528), que publicou uma *Suma dos dons de São José*, um primeiro tratado sistemático sobre São José. Esse texto será referência a todos os tratadistas posteriores.

Mas a consciência desperta só foi alcançada pelo conhecido teólogo jesuíta Francisco Suárez († 1617), mestre em Salamanca. Em seu comentário sobre "Os mistérios da vida de Cristo" deu um salto de qualidade. Por primeiro, situou o ministério de São José na ordem hipostática, ordem própria das Pessoas divinas. Quer dizer, José não é apenas um homem justo e cheio de virtudes, digno de ser o pai de Jesus, mas a sua presença e ministério guardam uma relação tão profunda com o mistério da encarnação que, de alguma forma, ele também participa dela. Cunhou a expressão que nunca mais sairá do vocabulário teológico: "José é ordenado à ordem da união hipostática" (*pertinet ad unionem hypostaticam*). Isso ocorreu no século XVII.

Foram precisos mais dois séculos para se dar um novo passo. Foi quando, no final do século XIX, muitos teólogos, como G.M. Piccirelli e L. Bellovet, e no século XX, como A. Michel, B. Llamera e especialmente o teólogo canadense-brasileiro Paul-Eugène Charbonneau, fundamentaram e divulgaram essa visão. Seguramente a obra mais convincente é a de Charbonneau, em sua tese de doutorado em Montreal, ao afirmar, com todo o rigor do discurso teológico, que São José pertence à ordem hipostática (1961)[5], portanto, pertence à ordem divina.

Nesse entendimento, São José já não é visto apenas em seu lado humano, como esposo e pai, mas também no seu lado divino, em sua relação com a segunda Pessoa da Santíssima Trindade que se encarnou em Jesus. Esse Jesus é filho de sua esposa Maria e fruto do Espírito Santo, mas assumido por José como seu filho, com toda as vinculações que a paternidade comporta.

Essa ideia da relação hipostática de São José com o Filho de Deus se tornou tão corrente entre os teólogos a ponto de o Magistério da Igreja, na Exortação Apostólica sobre São José, *Redemptoris Custos* (1989), de João Paulo II, dizer claramente que, no mistério da encarnação, Deus não apenas assumiu a realidade de Jesus, mas também "foi 'assumida' a paternidade humana de José" (n. 21).

Chegou-se a um patamar mais alto ainda de consciência com André Doze, em seu livro *Joseph, ombre du Père* [José, a sombra do Pai][6]. Aqui se afirma uma relação singular de José, pai de Jesus, com o Pai celeste. Escolhe-se a expressão *sombra* associada a outras, *tenda, nuvem* e *tabernáculo*, como

---

5. Cf. CHARBONNEAU, P.-E. *Saint-Joseph appartient-il à l'ordre de l'union hypostatique?* Montreal: Centre de Recherche Oratoire de Saint-Joseph e Faculté de Théologie, 1961.

6. DOZE, A. *Joseph, ombre du Père*. [s.l.]: Editions du Lion de Juda, 1989; cf. tb. DOBRACZYNSKI. *L'ombra del Padre*; il romanzo di Giuseppe. Brescia: Morcelliana, 1982.

analisaremos mais adiante, que no Primeiro Testamento quer expressar a presença densa e forte de Deus no meio do povo de Israel ou no Templo de Jerusalém. *Sombra* nunca foi entendida como mera metáfora, mas como figura para dar um conteúdo real e ontológico à presença de Deus. Essa presença, assim forte e real, diz-se que o Pai celeste possui em São José.

O último passo foi dado por um brasileiro, Frei Adauto Schumaker, que trabalhou durante mais de cinquenta anos na região amazônica do Estado do Maranhão. No dia de São José, 19 de março de 1987, teve a intuição que consignou por escrito e divulgou por onde podia, de que São José é "a personificação do Pai", assim como Jesus é a personificação do Filho e Maria, do Espírito Santo[7]. Com isso chegava-se a uma culminância insuperável.

Por nossa parte, retomaremos essas afirmações e tentaremos dar-lhes um enquadramento teológico rigoroso, que nos permitirá dizer: São José comparece, de fato, como a personificação do Pai.

Não apenas seu ministério (o que ele fez) pertence à ordem hipostática, como queria Suárez, nem São José é tão somente "sombra" do Pai, como sustenta Doze. São José é o próprio Pai presente, personalizado e historizado em sua pessoa, como intuiu Frei Adauto Schumaker e nós o reafirmamos.

O círculo se fecha: a inteira Trindade assumiu nossa condição humana e mora entre nós. A Trindade celeste do Pai, Filho e Espírito Santo se fez trindade terrestre de Je-

---

7. Cf. o manuscrito mais importante, "Josefologia: o Pai 'personificado'", com data de 19 de março de 1987, analisado no capítulo VII.

sus, Maria e José. Mais à frente entenderemos a Santíssima Trindade como Família divina que, como tal, personifica-se na família humana, na família de Jesus, Maria e José.

Em benefício de nossa tese procuraremos recolher o melhor do passado e, ao mesmo tempo, incorporar as contribuições de outros saberes que nos vêm da antropologia filosófica, da tradição psicanalítica e da moderna cosmologia. Com isso ressituaremos São José no conjunto das verdades da fé cristã, ofereceremos boas razões para uma piedade mais sustentável e teremos mais motivos para louvar e bendizer a Deus, que se dignou entregar-se totalmente a nós nas figuras que formam a Trindade terrestre, reflexo histórico da Trindade celeste.

A teologia que nasceu do louvor (doxologia) volta novamente ao mesmo louvor, agora, porém, enriquecida com mais razões para cantar e bendizer.

2
Desfazendo mal-entendidos e clichês

A figura de São José está cercada de ambiguidades. Por um lado é o bom José, esposo de Maria, o pai de Jesus, o trabalhador. Tem um lugar de carinho no coração dos fiéis. Milhões e milhões de pessoas da cultura ocidental e, hoje, mundial levam o nome de José. Centenas de movimentos religiosos, seja de pessoas consagradas a Deus, seja de leigos no meio do mundo, têm São José como patrono. Cidades, praças, ruas, pontes, hospitais, escolas e principalmente igrejas têm o nome de São José. Ele entrou na paisagem de nossa cultura, da familiar à pública.

Por outro, São José é o protótipo da pessoa apenas coadjuvante, silenciosa e anônima, cuja vida pouco conhecemos. Ninguém sabe quem foi exatamente seu pai, sua mãe, nem com que idade noivou e casou com Maria, nem como e quando morreu. Ele é uma sombra, embora benfazeja.

Ao lado das coisas altamente positivas ligadas à sua pessoa, há também versões, clichês e mal-entendidos que, desde os primeiros séculos, especialmente por causa dos apócrifos, atravessaram os tempos e chegaram até nós.

Embora essas versões sejam questionáveis, serviram, entretanto, de substrato para o imaginário que ganhou forma na pintura, nas artes plásticas e na literatura. Não saem nunca de nossos olhos as cenas idílicas do Natal e do presépio, onde o Menino, colocado entre o boi e o asno, é ladeado por Maria e José, inclinados e reverentes diante do Mistério do enternecimento divino. Da mesma forma, o bom velhinho segurando o menino Jesus em seus braços, olhando-o com carinho e pasmo, pois sabe que carrega um mistério.

Mas, como queremos fazer uma obra de reflexão crítica, atualizada e de teologia criativa, sentimos necessidade de limpar, previamente, o terreno. Faz-se mister, portanto, desfazer preconceitos e superar clichês que se incrustaram no imaginário cristão. É semelhante ao processo de limpar os óculos. Não destruímos as lentes, mas as lavamos para, através delas, podermos ver melhor. Assim, nós iremos aproveitar ao máximo a tradição dos apócrifos, pelo momento de verdade que eles contêm, mas também devemos reconhecer-lhes os limites e os descaminhos que podem ocasionar.

Muitos pontos aqui referidos serão esclarecidos ao longo de nossa obra. Agora apenas elencamos os principais deles, pois assim prepararemos o campo para uma reflexão mais fluente depois.

1 José, um homem sem mulher?

Em primeiro lugar, não são poucos os que mostram estranheza diante da situação singular de São José. Dizem: José é um homem sem mulher, Maria uma mulher sem homem e Jesus um menino sem pai.

A estes devemos recordar que os textos do Novo Testamento asseguram claramente que José tem sua mulher (cf. Mt 1,20.24), foi, primeiro, noivo (cf. Mt 1,18; Lc 1,27) e,

28

depois, marido (cf. Mt 1,16.19). Ele era o homem de Maria (cf. Mt 1,16.18.20.24; Lc 1,27; 2,5), seu único esposo. Maria teve seu homem, José, seu noivo e marido (cf. Mt 1,16.19). Viveram juntos (cf. Mt 1,24) e foram morar em Nazaré (cf. Mt 2,23).

Portanto, não obstante a concepção virginal e a virgindade preservada de Maria (cf. Mt 1,18-25; Lc 1,26-38), os evangelhos não relutam em chamar José de esposo de Maria e Maria de esposa de José (cf. Mt 1,16.18-20; Lc 1,27).

O filho de Maria torna-se também filho de José em virtude do vínculo matrimonial que os une. Por isso, os evangelhos o reconhecem como o filho de José (cf. Lc 3,23; 4,22b; Jo 1,45; 6,42) ou o filho do carpinteiro (cf. Mt 13,55), de quem aprendeu a profissão, pois o chamam também de carpinteiro.

Eles formam uma família constituída, que está toda presente e unida por ocasião do nascimento de Jesus; que conheceu os medos de uma perseguição mortal por parte de Herodes, que queria sacrificar os meninos da região de Belém, onde nasceu Jesus; que passaram juntos pelas agruras de uma fuga apressada para o Egito; que depois voltaram de lá e foram literalmente se esconder em Nazaré, porque Arquelau, filho de Herodes, que reinava na Judeia, era tão sanguinário quanto o pai e poderia querer ainda matar o menino Jesus.

Nessa pequena vila, como todos os pais piedosos, fazem também eles os ritos da purificação, da circuncisão e da apresentação no Templo, iniciam o filho nas festas sagradas e, juntos, afligem-se quando o Menino de 12 anos deixa de se incorporar à caravana de volta a Nazaré e se detém no Templo.

O fato de a gravidez ter sido misteriosa, do Espírito Santo e não de José, não impede que haja uma família. Há uma visão pobre e reducionista que, ao pensar em família, vê apenas a cama de casal, como se a sexualidade fosse tudo na vida de uma família. Do ponto de vista mais global, pensando nos elementos todos que perfazem uma vida a dois, especialmente o mútuo compromisso e a responsabilidade compartilhada, Maria e José formam uma autêntica família. Os bens são comuns, comum o estilo de vida, comuns as preocupações, comum a responsabilidade de educar o filho[1]. Portanto, José não é pai por casualidade nem Maria é, também, mãe por acidente.

2 Uma família de desiguais?

Em segundo lugar, assinalam alguns, essa família é estranha, pois as relações entre os membros são absolutamente desiguais. Maria é serva do Senhor (cf. Lc 1,38); José, provedor e pai putativo (cf. Lc 3,23); e Jesus, a encarnação do Verbo que é Deus (cf. Jo 1,14). Maria fala e medita, guardando as coisas no coração; Jesus fala, ensina e faz milagres; e José cala e apenas sonha. Como articular essas diferenças dentro de uma mesma família? Não faria da família uma realidade meramente virtual?

A isso respondemos que os relatos evangélicos não dão base para tal excentricidade. Eles mostram uma família nor-

---

1. Cf. as pertinentes reflexões, feitas pela conhecida psicanalista Françoise Dolto, no capítulo "La Sainte Famille". *L'évangile au risque de la psychanalyse.* Paris: Jean-Pierre Delarge, Presses Universitaires, 1977.

mal, unida, falam dos pais que vão ao Templo e que, como pais, preocupam-se com o desaparecimento do filho e, por fim, dizem que o Menino era submisso a eles (cf. Lc 3,51).

A tese que sustentamos em nosso livro evita qualquer desequilíbrio, pois Deus, assim como é, Pai, Filho e Espírito Santo, portanto como Família divina, deixa de ser Trindade e Família imanente, voltada para dentro de seu inefável mistério, e se faz trindade e família histórica, porquanto se acerca da existência humana e se personaliza, assumindo o Pai, a José; o filho, a Jesus; e o Espírito Santo, a Maria. Dessa forma, reina um perfeito equilíbrio. Cada um é diferente, mas todos entretêm uma relação íntima e singular, de ordem hipostática, como discutiremos mais adiante, com as respectivas Pessoas divinas. Cada pessoa da família humana personaliza uma Pessoa da Família divina.

3 José, um velho e viúvo?

Outros imaginam Maria como uma espécie de freira num convento de monjas reclusas. José seria mais guardião e protetor dela que esposo, um patriarca velho e com barbas e cãs brancas, segurando o menino Jesus num braço e o ramo de lírios no outro, para simbolizar sua castidade.

Essas imagens não se apoiam nos textos evangélicos. Elas são caudatárias das fantasias, por vezes mirabolantes, dos evangelhos apócrifos, que representam a teologia popular dos estratos não letrados dos cristãos dos primeiros séculos. Veremos tudo isso com detalhes num dos capítulos de nosso livro.

Maria aparece nos evangelhos como uma mulher piedosa, que diz ao anjo *"sim, faça-se"* (Lc 1,38) e se sente serva diante do oferecimento de Deus. Mas ao mesmo tempo é a mulher forte cujo discurso corajoso no cântico do *Magnificat* poderia parecer antes uma proclamação revolucionária num comício político popular. Ela tem a coragem de falar do Deus "*que depôs os poderosos de seus tronos e exaltou os humildes, encheu de bens os famintos e despediu os ricos de mãos vazias*" (Lc 1,52-53). Enfim, uma mulher que enfrentou o risco de massacre de seu bebê por parte do cruel Herodes e que, por causa disso, teve que fugir para o exílio com todos os perigos que tal fuga comporta.

José corre o risco da maledicência ao assumir Maria, sua noiva, já grávida pelo Espírito Santo. Tem a coragem de ser alternativo e leva-a para a sua casa (cf. Mt 1,24). Assume as funções próprias de pai que presta assistência no nascimento, que toma a iniciativa de fugir para o Egito e escolhe o momento de voltar, que junto com a esposa faz o que todo pai-educador fazia com referência aos deveres religiosos, que se preocupa com a perda do filho. Todas essas coisas têm mais a ver com um pai engajado seriamente em sua missão familiar do que com um simples protetor e um zeloso provedor.

Com referência às barbas e cãs brancas e à sua idade: os evangelhos não dão nenhuma pista que possa sugerir a idade de José. São os apócrifos, surgidos trezentos a quatrocentos anos após, que inventam a idade de José. Entendemos o contexto no qual foram escritos: as preocupações apologéticas de justificar a existência de irmãos e irmãs de Jesus, como falam os evangelhos – estes seriam, então, frutos de um primeiro casamento de José – e a necessidade de defender a virgindade de Maria, também testemunhada pelos evangelistas.

Em função dessa perspectiva, relatam que José seria viúvo e velho, mas tão velho que, por impotência, não poria em risco, mesmo que quisesse, a virgindade de Maria. O livro apócrifo *A história de José o carpinteiro* fala, como veremos mais adiante, que José casou pela primeira vez aos quarenta anos. Viveu com sua primeira mulher cerca de 49 anos, tendo tido com ela filhos e filhas (os "irmãos" e "irmãs" de Jesus). Somente com a idade de 93 anos ter-se-ia casado com Maria e vivido com ela 18 anos. Somando tudo, ele teria morrido com a idade de 111 anos. Tais afirmações não encontram fundamento senão na imaginação, embora piedosa.

O que sabemos bem é que, consoante a tradição judaica, um homem costumava casar de verdade, quer dizer, começava a coabitar com a mulher, a partir da idade de 18 anos. Segundo essa tradição, José teria essa idade, um pouco mais, um pouco menos, quando resolveu viver com Maria.

Nada se diz se era viúvo e velho. Essa presunção é posterior, dos apócrifos, pelas razões aduzidas acima. Portanto, devemos imaginar José como um pai jovem, entre 18 e vinte anos[2]. Como ainda veremos, a expressão *irmãos e irmãs* não precisava, de forma obrigatória, ser entendida como nós a entendemos hoje, como irmãos e irmãs de sangue. Na concepção judaica da família ampliada, os próprios primos e parentes próximos eram chamados e tidos como irmãos e irmãs.

---

2. Cf. EPHRAÏM, J. *Joseph, un père pour le nouveau millénaire*. Nouan-le-Fuselier: Editions des Béatitudes, 1996, p. 136 [Sugere que José, ao tempo da visita de Jesus ao Templo, deveria ter uns trinta anos, o que leva a deduzir que casou com Maria com cerca de dezoito anos].

Lucas e Mateus, os evangelistas que narram algo da infância de Jesus, nada referem acerca de quando José teria falecido. O certo é que em nenhum momento da vida pública de Jesus, iniciada quando ele tinha por volta de trinta anos de idade, consoante informação de São Lucas (cf. 3,23), José apareceu em público ao lado de Jesus. A última vez foi quando Jesus, com a idade de 12 anos (acercando-se da idade adulta, que era de 13 anos), foi com os pais ao Templo em Jerusalém, ocasião em que aí se deteve enquanto a caravana de Nazaré se punha em marcha de regresso. José e Maria o encontram e manifestam seu dissabor pelo ocorrido. Depois disso, a figura de José some totalmente. Presume-se que tenha morrido por essa época ou pouco posteriormente. A expectativa de vida de um cidadão romano ou judeu era, na época, de 22 anos aproximadamente. José deve ter quebrado essa barreira comum.

Seguro é também que José não estava ao pé da cruz, como estavam Maria, outras mulheres e João. O fato de o Apóstolo João ser instado por Jesus na cruz a tomar Maria sob seu cuidado (cf. Jo 19,27) revela que José não deveria mais estar vivo.

4 Havia amor entre José e Maria?

Outros perguntam: Dada a singularidade da relação entre José e Maria, haveria realmente amor entre eles? Uma resposta mais detalhada daremos no próximo capítulo. Aqui nos contentaremos com a reflexão de um filósofo católico, dos mais renomados do século XX, Jean Guitton. Em seu livro *La Vierge Marie* [A Virgem Maria] reflete de uma forma tão convincente que dispensa muitas palavras:

Em geral nos fazem crer que Maria não amou José realmente. Antes, que ela encontrou nele um protetor, uma espécie de sombra que encobria aos olhos dos outros o que estava acontecendo em seu seio. Semelhantemente nos fazem crer que José também amava Maria como um patriarca ama uma criança confiada a ele. Se for assim, o amor, efetivamente, não teria lugar na vida deles. Mas perguntamos: Por que razão José não teria amado? Por que não teria correspondido ao amor de Maria? Não teria sentido também ele a necessidade de carinho, nas tardes tranquilas, ao voltar cansado do trabalho? Não respondeu ele amor com amor? Sim, José experimentou o amor numa forma absolutamente inexprimível, forte como as torrentes das montanhas, tranquilo e suave como um lago sereno e com o frescor da água de fonte cristalina. O amor do homem é moldado pelo amor da mulher, que, como hábil educadora, modera-lhe o impulso para que se transforme em cuidado e ternura, que o faz capaz de receber e de dar. O amor de Maria e de José na casa de Nazaré é semelhante ao amor de Adão e de Eva no paraíso terreal, antes da queda. Num momento, na primeira manhã do mundo, surgiu o amor entre Adão e Eva. Assim ocorreu também entre José e Maria[3].

Eles se viam como criaturas humanas e não como semideuses. Tudo o que é realmente humano, como o amor, o afeto e o enternecimento, pôde desabrochar neles. Podemos imaginar os diálogos dos dois acerca do mistério que

---

3. GUITTON, J. *La Vierge Marie*. Paris: Aubier, 1949, p. 32-34, e muitas edições posteriores.

ocorreu com Maria. E a curiosidade: Como vai ser com o menino? Ele vai ser mesmo a *"alegria para todo o povo"* ou *"sinal de contradição"*? (Lc 2,34). Que significa que será Emanuel ("Deus conosco") e Jesus ("Deus que salva")? E se enchiam de respeito mútuo, sentindo-se envolvidos numa história que eles não inventaram nem tinham condições de controlar. Mas que, com unção e reverência, acolheram, mesmo sem entender todos os detalhes, e que servia de material de reflexão e meditação deles, como o Evangelista Lucas testemunha claramente (cf. Lc 2,51).

A virgindade perpétua de Maria depende da aceitação e do apoio de José. Isso não significa que não houvesse carinho e intimidade entre eles. Diz o Cardeal Léon-Joseph Suenens, uma das figuras centrais do Concílio Vaticano II (1962-1965) e eminente teólogo, talvez com um pequeno acento de exaltação:

No coração desta família de Nazaré existe uma mulher, Maria, e seu esposo, José. Sua união realiza a plenitude do amor terreno. Maria amou José como talvez nenhuma outra mulher tivesse amado. José era para ela uma permanente alegria. Ambos se amam plenamente e em perfeita sintonia com o chamamento que receberam. A renúncia a ter filhos além de Jesus não representa nenhum obstáculo ao amor, antes o eleva e o fortalece... Maria alcançou somente com José, seu esposo, a plena intimidade. José viu em Maria tão somente uma criatura humana e como tal a acolheu. Com ela conheceu uma intimidade sem precedentes, a intimidade do amor que é tão grande quanto o mundo[4].

---

4. SUENENS, L.J. "Saint Joseph et le renouveau familial". *Leglise en marche*. 11 mar. 1962. Cf. esses testemunhos em GAUTHIER, R. "Der heilige Joseph in der Heilsgeschichte". *Josefstudien, Kirche heute*, 2, mar. 1994, p. 2-7, aqui p. 3.

Mas sejamos realistas: pertencem à condição humana as tensões, os pequenos desentendimentos nas lides do cotidiano, o crescimento na confiança. Assim deve ter ocorrido na relação entre José e Maria. Caso contrário, como cresceriam em virtudes e em entrosamento? As limitações da humana fragilidade são ocasiões de purificação e de amadurecimento.

A compreensão de nossa cultura dominante, envenenada por um erotismo exacerbado e comercial, dificilmente entende as afirmações que fizemos acima acerca do amor entre José e Maria. Ela operou uma compreensão redutora do amor e das múltiplas formas de sua realização. Associa tão estreitamente amor à sexualidade-genitalidade que se torna incapaz de entender um amor que vai além dessa expressão. Isso não apenas com referência a Jesus e a Maria, mas também com referência a casais de idosos ou de pessoas que se unem profundamente num nível espiritual. E assim desentende e mal-entende o amor entre duas pessoas de excepcional grandeza humana e ética como Maria e José.

De todas as formas, podemos imaginar a força e a doçura, a ternura e o vigor que se mostravam no pai José com referência a Jesus, seu filho. José, como todo pai, toma ternamente a criança no colo, eleva-a até o seu rosto, enche-a de beijos, diz-lhe palavras doces, nina-a com movimentos suaves; quando mais crescida, coloca-a nas costas, brinca no chão com ela, como carpinteiro faz-lhe brinquedos de sua cultura, carrinhos de madeira, ovelhinhas, boizinhos e vaquinhas. Todo adolescente precisa de um modelo com o qual se medir, no qual sentir firmeza e segurança, experimentar os limites e o alcance das coisas e, ao mesmo tempo, doçura e enternecimento. José assumiu a função psíquica de Édipo que acolhe e impõe limites, que dá sentido de autoridade e obriga a madurar.

5 Faz sentido um matrimônio entre Maria e José?

Outros ainda perguntam e argumentam: Se Maria era virgem e concebeu pelo Espírito Santo, por que não continuou sozinha e virgem? Por que tinha que casar com José?

Na tradição e na teologia essa questão recebeu tratamento detalhado[5]. Não precisamos aqui resgatar os argumentos dessa discussão. Apenas nos concentramos em três que nos parecem relevantes até os dias de hoje.

Em primeiro lugar, tratava-se de salvar a honra de Maria, tema bem abordado pelos dois evangelistas Lucas e Mateus. Uma noiva virgem aparecendo grávida trazia problemas para as famílias e para o noivo. A lei previa o *libellus repudii*, vale dizer, o processo de culpabilização e de punição mediante o repúdio da mulher. José se revela justo, honrado e cheio de senso do mistério ao casar com Maria e recebê-la, consequentemente, em sua casa. Salva-se também a reputação futura de Jesus, que poderia ser, como foi, acusado de filho da fornicação e de filho ilegítimo.

Em segundo lugar, Jesus devia ter uma vida absolutamente normal, como qualquer criança de seu tempo, inserido na família, ligado aos parentes, primos, primas e avós, crescendo e amadurecendo diante das pessoas e diante de Deus. A doutrina da encarnação não postula nenhum mila-

---

5. Cf., por exemplo, a ampla discussão sobre esse tema em Santo Tomás de Aquino, *Summa Theologica* III^a, q. 29 a. 1.

gre e nada de excepcional na vida de Jesus. Por isso, sabiamente, a Igreja dos primórdios se distanciou dos apócrifos, que enchem a vida de Jesus de milagres e de coisas mirabolantes e até indignas da decência comum. A encarnação apenas afirma que tudo o que é humano, com as ambiguidades que a existência humana comporta, sempre contraditória e limitada — os evangelhos chamam a isso de carne — é apropriada por Deus. De forma tão profunda e íntima que nos é lícito dizer que Deus chorou, mamou, ficou decepcionado, alegrou-se, amou e, por fim, morreu na cruz.

Ademais, hoje sabemos cientificamente o que a humanidade sempre soube intuitivamente: uma criança só se desenvolve adequadamente no seio de uma família regular. Aí há o feminino e o masculino, há o amor e a norma, há o desejo ilimitado e o limite da realidade, há o cuidado e o trabalho, há a oração e a luta cotidiana pela vida. O menino, o adolescente e o jovem Jesus teve que se confrontar com todas essas diferenças para crescer normalmente. Que seu processo de individuação foi bem-sucedido, mostra-o sua vida como é narrada pelos quatro evangelistas. Ele é alguém que integrou perfeitamente o masculino e o feminino: nele existe vigor e coragem de afirmar sua proposta e, ao mesmo tempo, ternura e amor para com as pessoas que encontra. Chamava seu pai José de "paizinho querido" (*abbá*), pois assim o sentia de verdade. A psicologia ensina que a experiência com o pai e com a mãe serve de base para uma experiência bem realizada de Deus. Com base em sua experiência familiar, Jesus podia chamar a Deus de "meu querido paizinho" (*Abbá*). Descreve-o com tais características que se revela como Mãe, cheia de misericórdia. É, pois um Pai maternal e uma Mãe paternal.

Por fim, em terceiro lugar, há uma razão estritamente teológica, somente acessível na fé. Era importante Maria casar com José para constituir uma família que servisse de base para que a Família divina do Pai, filho e Espírito Santo pudesse entrar na família humana de Jesus, Maria e José e revelar-se assim como Ele mesmo é, em sua intimidade e essência. Era importante que essa plataforma fosse plenamente humana e, ao mesmo tempo, fosse iniciativa divina. Daí ser significativo que a concepção de Jesus fosse virginal. É de uma mulher, da nossa estirpe, preparada pelo longo processo de evolução já em curso há quinze bilhões de anos e de hominização há cerca de oito milhões de anos. É de uma virgem que não conheceu varão. E ela se torna grávida pelo Espírito. O Espírito começa através dela uma nova criação. É o lado divino do processo. Aqui temos o humano e o divino juntos em plenitude.

Mas Maria é uma mulher só. Ela não é família. Mas pode ser uma das três pilastras da família. Convinha que a Família divina encontrasse uma família humana, previamente constituída. Por isso, ela ficou noiva e depois esposa de José. Nasce o menino. Aí temos a família constituída, plena, perfeitamente humana e plenamente divina: Jesus, Maria e José.

No nosso entendimento, o Espírito se personaliza em Maria a partir do momento em que ela diz "sim" ao anjo. A partir de então o Verbo começa a ganhar forma humana em seu seio. Ele se encarna em Jesus. E o Pai, que tudo deslanchou, vem e encontra sua base de personalização no noivo e pai, José. A Família divina inteira baixa e entra na história. A família humana acolhe essa entrada silenciosa e humilde da Família divina na família humana.

O mundo se transfigura. Alcança uma plenitude intransponível. Deus assim como é, comunhão de Pessoas, Família divina, sai de sua misteriosidade e entra na facticidade histórica humana. Deus-Trindade-Família se faz Deus-comunhão de pessoas e família humana. Fecha-se a história. Agora é só esperar a manifestação terminal do que isso significa: a entronização do universo, da história, da família humana, de cada família e de cada pessoa no Reino da Trindade e da Família divina.

Esse é o derradeiro sentido de José no desígnio do Mistério. Agora pode começar uma verdadeira teologia de José, o esposo, o pai, o artesão e o educador. Agora a josefologia é plenamente teologia, vale dizer, discurso sobre Deus e sobre José a partir de Deus e à luz de Deus.

3
José da história: artesão, pai, esposo e educador

Queremos ser coerentes com as opções teóricas que nos temos proposto ao abordar a figura de São José. Importa nunca isolá-lo do conjunto das relações nas quais concretamente levou sua vida, na família, com Maria e com Jesus, e com as Pessoas divinas que se ocultam nesta família. Assim não falsificamos sua figura; ao contrário, resgatamos sua relevância, especialmente o aspecto silencioso e anônimo de sua vida cotidiana, comum a todas as famílias.

É verdade que nos evangelhos não há um discurso exclusivo sobre José, como é feito sobre Isabel, sobre João Batista e sobre o próprio Jesus. Ele sempre aparece no contexto familiar, pois aí, como esposo e pai, é o seu lugar natural. Dele não se transmite nenhuma palavra, somente sonhos; nenhum dado, nem de seu nascimento nem de sua morte. Quando Jesus começou sua vida pública, com a idade de mais ou menos trinta anos (cf. Lc 3,23), José presumivelmente já havia falecido. Só os apócrifos, como veremos mais adiante, falam de sua vida e fornecem detalhes minuciosos e, às vezes, fantásticos sobre sua morte.

43

1 José, o artesão-carpinteiro

Em primeiro lugar, José não vem do mundo das letras (escribas) e das leis (fariseus), da burocracia estatal (cobradores de impostos e saduceus) ou da classe sacerdotal ou levítica do Templo. Nem pertence a um dos grupos de piedosos, que havia muitos, no seu tempo (essênios, zelotes, fariseus). Ele é um homem do interior, da pequena vila de Nazaré, tão minúscula que sequer é mencionada em todo o Primeiro Testamento.

Tem uma profissão: é um construtor-artesão (*tékton* em grego, *naggar* em hebraico, *faber* em latim), nome genérico para designar pessoas que trabalham a madeira (*faber lignarius*), a pedra (*faber murarius*) e o ferro (*faber ferrarius*).

Fontes da época[1] dão conta de que o construtor era fundamentalmente um carpinteiro que fazia casas, telhados, cangas, móveis, rodas, prateleiras, bancos, carros de boi, remos e mastros; mas sabia também trabalhar com pedras, construindo casas, muros, sepulturas e terraços; e manejava o ferro para fazer enxadas, pás, pregos e grades.

---

1. Cf. os dados coletados por Clodovis Boff, consultando a mais ampla bibliografia sobre o assunto, em *O cotidiano...*, op. cit., p. 45-52; cf. FOUCHER, D. *Notre Père, Joseph le charpentier*. La Chapelle de Montligeon: Editions de Montligeon, 1999, especialmente p. 207-219, sobre o meio geográfico e cultural de José; cf. tb. DEISS, L. *Joseph, Marie et Jesus*. Versalhes: Saint Paul, 1997, p. 109-152; STRAMARE, T. *Vangelo dei Misteri della Vita nascota di Gesú*. Bornato in Franciacorta: Sardini, 1998; DANIEL- ROPS, H. *A vida diária no tempo de* Jesus. São Paulo: Vida Nova, 1983; THEISSEN, G. & MERZ, A. *O Jesus histórico*: um manual. São Paulo: Loyola, 2002; JEREMIAS, J. *Jerusalém no tempo de Jesus*; pesquisas de história econômico-social no período neotestamentário. São Paulo: Paulinas, 1986; ARON, R. *Gli anni oscuri di Gesú*. Milão: Mondadori, 1978 [edição original francesa por Grasset, Paris, 1968]; CHOURAQUI, A. *La vie quotidienne des hommes de la Bible*. Paris: Hachette, 1978 [em português pela Companhia das Letras, São Paulo, 1990]; CLAVEL, B. *Jesus le fils du charpentier*. Paris: Robert Laffont, 1996; MARTELET, B. *Joseph de Nazareth Thomme de confiance*. Paris/Fribourg: Éditions Saint-Paul, 1974, especialmente p. 118-124; idem. *Joseph, fils de David, qui êtes-vous?* Nouanle/Fuselier: Editions du Lion de Juda, 1987.

O construtor-carpinreiro-artesão tinha normalmente sua oficina no pátio da casa. Aí estão as madeiras empilhadas, o serrote, a machadinha, o martelo, os pregos, as cunhas, o prumo, o esquadro e o rolo de barbante. Jesus foi iniciado na vida profissional na oficina de seu pai José. Ele é conhecido como *"o filho do carpinteiro"*(Mt 13,55) ou simplesmente *"o carpinteiro"* (Mc 6,3).

Provavelmente José e Jesus trabalharam também fora. Sabe-se que Herodes mandou reconstruir a cidade de Séforis, próxima de Nazaré, armazém de armas, que fora incendiada e destruída pelo povo. Todos os artesãos da zona foram requisitados (cf. Mt 20,1-6). Não há por que não imaginar José e Jesus empenhados naqueles trabalhos de grande porte.

Ademais, ninguém vivia apenas de uma única profissão. Normalmente todos tinham alguma relação com o trabalho no campo, seja no cultivo de frutas e legumes, seja no pastoreio de cabras, ovelhas e gado. Por ele proviam-se as necessidades básicas da casa. A Galileia possui ainda hoje terras das mais férteis do mundo. Aí crescem muito bem maçãs, peras, uvas, amêndoas, ameixas, nozes e amoras silvestres. As oliveiras e as figueiras são especialmente famosas. Abundantes são os legumes, como as lentilhas, as favas, as cebolas e o alho. Conhecidas são as abóboras, as berinjelas, os pepinos, os melões e os pimentões, além das verduras, como a salsa, a chicória e a alface, ou as ervas de tempero, como o cominho, o orégano, o açafrão e o anis.

É dentro desse universo de trabalho, das mãos calosas, do suor no rosto, das canseiras cotidianas e do silêncio que se desenrolou a vida anônima do trabalhador José. Bem diz a Exortação apostólica *Redemptoris Custos*, de João Paulo

II: "No crescimento humano de Jesus 'em sabedoria em estatura e em graça' teve uma parte notável *a virtude da laboriosidade*, dado que 'o trabalho é um bem do homem', que 'transforma a natureza' e torna o homem, 'em certo sentido, mais homem'".

2 José, esposo de Maria

Uma das poucas coisas seguras que os evangelistas nos dizem de José é esta: ele era o homem de Maria (cf. Mt 1,16.18.20.24; Lc 1,27; 2,5), seu único esposo[2]. Mas, antes de ser marido, consoante a praxe judaica foi seu noivo: *"Maria estava prometida em casamento a José"* (Mt 1,18; Lc 1,27), embora o noivado tivesse juridicamente o mesmo valor que o casamento.

Mas durante o tempo do noivado, *"antes de morarem juntos"* (Mt 1,18b), quer dizer, antes de passarem a viver sob o mesmo teto e à mesma mesa, Maria foi encontrada grávida. Tal fato produziu grande perplexidade em Maria e profunda angústia em José. Esclarecida a situação pelas palavras do anjo (cf. Mt 1,20), eles casaram. Os textos passam a falar, então, de *"José, seu marido'"* (Mt 1,19) e de Maria, *"sua esposa"* (Mt 1,20).

Já que se trata verdadeiramente de uma família, onde há marido e mulher constituídos pelo casamento, vejamos,

---

2. Para toda essa questão veja a principal bibliografia: GRELOT, P. "Saint Joseph". *Dictionnaire de Spiritualité*. Paris: Beauchesne, 1974 [Vol. VIII, col. 1.289-1.301]; SQUILLACI, D. "Matrimônio di S. Giuseppe (Mt 1,19)", em *Palestra dei Clero*, 42 (1963), p. 659-666; GAUTHIER, R. "Der Heilige Joseph in der Heilsgeschichte". *Josefstudien...*, op. cit., 2, mar. 1994, p. 18-23, aqui p. 18-20; LALONDE, M. "La signification mystique du manage de Joseph et de Marie". *Cahiers de Joséphologie*, 19, 1971, p. 548ss.; O'CARROL, M. *Joseph, son of David*. Dublin: [s.e.], 1963 [consultar bibliografia geral sobre o tema em *Estúdios Josefinos*, 20, 1966, p. 41-139].

então, como era uma festa de casamento no estilo judaico. Conhecemos bem o ritual pela literatura conservada sobre o assunto e que orientará nossa exposição.

A noiva deve ter pelo menos onze anos e o noivo 13. Mas era praxe que esperassem até ele completar 18 anos. Não era assim como entre nós, que os namorados combinam entre si e decidem se casar. No judaísmo do tempo de Jesus o casamento era um acerto entre famílias. A mulher não casava, era dada em casamento. O pai de José, de nome Jacó, segundo Mateus (cf. 1,16) ou Heli, segundo Lucas (cf. 3,23) – não sabemos exatamente quem foi –, combinou com Joaquim, pai de Maria, o dote a ser pago em roupas e joias, em utensílios domésticos e, quem sabe, ainda, algum patrimônio como garantia de uma eventual viuvez.

Como em todos os acertos acerca de valores, sempre há regateios. O pai do noivo procura diminuir o "preço da noiva" e o pai desta procura exaltar o mais que pode seus dotes de mulher, suas virtudes e habilidades domésticas.

Acertados os termos, faz-se o compromisso de noivado. Este possui juridicamente o mesmo valor que o casamento. E os noivos se comportam como casados, apenas não coabitam maritalmente. O noivo deve cuidar dela, sustentá-la, vesti-la e atender a suas necessidades. A coabitação marital só ocorre após os esponsórios, que duram uma semana inteira ou, nas famílias pobres, três dias apenas.

Podemos imaginar a atmosfera carregada de mistério e perplexidade que esse casamento deve ter significado para José e Maria. Pois José casa com uma mulher grávida, cujo filho, que carrega em seu ventre, não vem dele, mas surgiu por força do Espírito Santo. Possivelmente esse fato deva ter sido objeto de longas e discretas conversas entre Maria e José. Os parentes, mesmo os mais próximos, em nada participam desse mistério, por simplesmente não terem condições de entendê-lo.

A cerimônia do casamento (*nishuin*) seguia o seguinte ritual: à frente de um conjunto de instrumentos musicais, o noivo, festivamente vestido, vai com amigos buscar a noiva, para trazê-la à futura casa.

A noiva está esperando em sua casa, ricamente vestida, toda perfumada e cercada pelas amigas. Traz uma túnica ampla e branca, um véu à cabeça, que lhe cai até os pés, e nos pés uma sandália dourada. Juntam-se os dois grupos, o do noivo com o da noiva, e com cânticos e danças o par é conduzido para a futura casa.

Chegando a casa, sob um baldaquim, faz-se o rito da troca da promessa nupcial. O ministro que preside a cerimônia ergue uma taça de vinho e pronuncia a bênção: "Bendito és Tu, ó Senhor nosso Deus, Rei do Universo, que nos santificas com teus mandamentos, prescrevendo-nos a castidade e o respeito de nossas noivas! Faze com que agora se unam pelo vínculo do matrimônio".

Os noivos tomam do copo do vinho. Em seguida, o noivo coloca o anel nupcial no dedo da noiva e vice-versa. O oficiante toma, então, em suas mãos o segundo cálice e recita sobre ele sete bênçãos, todas ligadas à graça do matrimônio. Os noivos tomam também deste segundo cálice. O oficiante derrama o que restou do vinho ao chão e quebra o cálice. O significado é o seguinte: assim como um cálice quebrado não pode ser refeito, da mesma forma um matrimônio jamais poderá ser refeito; por isso jamais deve ser quebrado e deve-se fazer de tudo para que dê certo.

A cerimônia terminava cantando todos o Salmo 45, que é um canto de amor:

> *Belas palavras brotam do meu coração {...}.*
> *Es o mais belo dos homens,*
> *de teus lábios flui a graça {...}.*
> *Escuta, minha filha, olha e presta atenção:*
> *esquece teu povo e a casa paterna,*
> *porque o rei se encantou de tua formosura,*
> *rende-lhe homenagem, pois ele é teu senhor.*

Começa então a festa, com muita alegria, comida, bebida, especialmente vinho, música e danças que vão noite adentro. E assim por sete dias e sete noites, para as famílias com mais possibilidades, ou três, para as famílias mais pobres. Depois todos voltam à rotina do trabalho diário, com suas preocupações.

O Evangelista Lucas diz claramente que José, depois de casado, viajou de Nazaré, na Galileia (norte da Palestina), até Belém, na Judeia (sul da Palestina), para alistar-se no recenseamento que o Imperador César Augusto ordenara em todo o império, junto *"com Maria, sua esposa, que estava em estado de gravidez"* (Lc 2,5; Mt 1,20). Mais à frente queremos discutir essa gravidez que tanto perturbou a José e que escondia um desígnio misterioso. Fiquemos, por agora, com os dados dele como esposo.

Sabemos da importância das genealogias na tradição das famílias judaicas. Era uma espécie de carteira de identidade de cada pessoa. Cada um e cada família sabiam de que tribo provinham e quem eram seus antepassados. José era da tribo de Davi, o rei, profeta, poeta, cantador e guerreiro. E a origem era definida pela linha paterna. Então o Evangelista Mateus traça (embora artificiosamente) a genealogia de Jesus pela linha de José, repetindo sempre o refrão, por 39 vezes (Abraão gerou Jacó, Jacó gerou Isaac, Isaac gerou... etc.). Quando chega ao ponto crucial de dizer "José gerou Jesus", dá uma reviravolta e diz: "*Jacó gerou José, esposo de Maria, da qual nasceu Jesus, chamado Cristo*"'(Mt 1,16). Por que introduz essa ruptura? O evangelista obriga-se a essa inflexão porque, para ele e para toda a comunidade cristã dos primórdios, Maria era e ficou virgem, mesmo sendo mãe.

Como num rodapé ao texto ou um adendo explicativo, aclara por que introduziu essa modificação (cf. Mt 1,18-25). Por duas razões. A primeira foi para que José impusesse o nome a Jesus e assim garantisse uma paternidade aceitável socialmente. Impor o nome a alguém é fazer-se pai, mesmo não sendo biologicamente pai. Com isso José evitaria maledicências de que Jesus seria filho ilegítimo, fruto de algum estupro ou mesmo adultério. A segunda, para garantir a descendência davídica de Jesus; para a teologia da primeira comunidade, o Messias devia provir de entre os descendentes de Davi. Jesus era crido e anunciado como Messias; devia, portanto, garantir sua ligação com Davi. Isso foi feito por José, que era da linhagem davídica, pelo ato de impor o nome a Jesus.

Para nós, importante aqui é ressaltar o que o Evangelista Mateus reconhece: José é *esposo* de Maria (cf. 1,16). Mais adiante, quando José, por causa da gravidez de Maria, pretende "*abandoná-la sem provocar escândalo*" (1,19) o anjo lhe assegura: "*Não tenhas receio de receber Maria, tua esposa*" (1,20). Por fim, quando tudo ficou claro, conclui: "*José aceitou Maria como sua mulher*" (1,24). Portanto, eles formam um casal, são marido e mulher, de verdade.

Para toda a comunidade cristã primitiva se dava por descontado que Maria ficou grávida quando ainda era virgem e noiva. Sobre isso não há discussão nem no Evangelho de São Mateus nem naquele de São Lucas, que referem o fato. A questão para eles era: Como foi possível isso?

José, ao surpreendê-la nesse estado, tinha diante de si duas opções, que depois serão bem trabalhadas pelos apócrifos. A primeira era denunciá-la publicamente como adúltera, conforme manda a lei mosaica. Tal procedimento exigia um processo jurídico com provas e testemunhas. Junto com a vergonha do fato, seguiam-se as punições previstas em lei. A outra, consciente de que ele nada tinha a ver com isso (por isso ficou perturbado), era afastar-se dela secretamente, deixando que a situação viesse à luz e fosse resolvida pelos parentes ou por si mesma.

Mas, seguramente, José e Maria tiveram longo e minucioso diálogo para entenderem um fato tão inusitado quanto misterioso. Maria, seguramente, jura inocência e lhe conta a visita do anjo, que lhe anunciara: *"Conceberás em teu seio e darás à luz um filho"* (Lc 1,31). Assegura que ela mesma ficou perturbada e cheia de estranheza: *"Como poderá ser, pois não conheço homem?"* (Lc 1,34). Ao que o anjo lhe diz: *"O Espírito Santo virá sobre ti e a força do Altíssimo armará sua tenda sobre ti"* (Lc 1,35).

José poderia tomar tal história de Maria como uma invenção dela para escapar-se da acusação de infidelidade e de adultério. Mas, como São Mateus atesta, ele era um homem justo (cf. 1,19), portanto, alguém que orientava sua vida segundo Deus e buscava sempre o comportamento correto. Deu um voto de confiança a Maria.

Mas ficava o problema diante dos parentes e da comunidade. Como explicar a gravidez da noiva? Na pequena vila todos sabem tudo de todos, e o estado de Maria não passaria despercebido. É aí que José começa a pensar em abandoná-la, secretamente, para não provocar escândalo (cf. Mt 1,19). Foi quando o céu interveio e o anjo o aconselhou a assumir Maria como sua esposa legítima e a levá-la para viver com ele (cf. Mt 1,24-25).

A situação fica resolvida socialmente, mas com um problema para José: ele poderia ser acusado de ter engravidado Maria enquanto era ainda noiva e virgem. Teria violado a lei do noivado de um ano. O casamento se faria às pressas, mesmo com a pecha pública de ter sido um homem leviano. Ou então a versão de Maria seria assumida por todos, e todos, pasmados diante do inusitado e misterioso da concepção, ficariam na expectativa acerca do que significaria tal evento. Como pessoas religiosas e piedosas, curvar-se-iam diante dos mistérios insondáveis de Deus. Não temos condições de dizer se esta versão predominou. Ela ultrapassa tudo o que um judeu piedoso poderia imaginar e esperar de Deus. Para todos os efeitos, José assumiu o risco e se considerou o esposo de Maria e o pai de Jesus, seu filho.

Mas mesmo assim o boato de que Jesus poderia ser um filho ilegítimo manteve-se em alguns círculos. Em Marcos (cf. 6,3) aparece uma questão irônica posta pelos habitantes de Nazaré, pois nada escapa ao olhar perscrutador dos vizinhos que notam uma gravidez prematura: *"Não é este o filho de Maria?"* Isso significa dizer: "Este é o carpinteiro cujo pai nem sequer conhecemos". Em Jo 8,41 os fariseus, acusados por Jesus de não serem filhos de Abraão, fazem-lhe esta réplica insidiosa: *"Nós não nascemos da fornicação; nós não temos senão um pai: Deus"*. Aqui eles revelam a suspeita de que Jesus é filho de uma relação ilícita.

Esses textos evangélicos remetem a uma antiga tradição judaica, segundo a qual a virgindade de Maria significaria apenas um pretexto para ocultar a origem inconfessável de Jesus. Celso (177-188 d.C.), um dos maiores intelectuais pagãos do mundo antigo e ferrenho inimigo do cristianismo, acusava Jesus de ter forjado a versão do nascimento virginal para ocultar o adultério de sua mãe. Diz Celso: "Jesus proveio de uma vila da Judeia, nascido de uma mulher do lugar, uma coitada que ganhava a vida fiando [...] e que, acusada de adultério, foi expulsa de casa por seu marido, um carpinteiro. Foi-se embora, circulando por aí vergonhosamente e, à sombra de uma cabana, deu à luz, secretamente, a Jesus"[3].

Celso ainda cita o nome do soldado romano, presumido pai de Jesus, *Panther.* Parece um nome inventado para ser um anagrama de *parthenos*, que em grego significa "filho de uma virgem". Filho da virgem, "huiós parthénou", deu origem a "Panther".

Logicamente, essas elucubrações são fruto dos adversários dos cristãos, que procuraram dar a sua versão da virgindade de Maria e da concepção virginal de Jesus. De toda maneira, elas remetem a um fato testemunhado por Lucas e Mateus: Jesus é filho de uma virgem, grávida do Espírito Santo.

Descontados esses problemas, pode-se colocar a questão: Vivendo juntos como marido e mulher, José e Maria não se amariam, não "fariam amor"?

---

3. Apud ORÍGENES. *Contra Celsum* I, 28.32.

Responde Clodovis Boff, que estudou esta questão:

> Como não? Amam-se como nenhum outro casal. Mas o amor de ambos é totalmente "absorvido" pelo filho, esse filho que nasceu de um modo absolutamente fora do comum e cuja vida estava assinalada por um destino misterioso. José e Maria eram um "casal resolvido". Assim, sob a imagem social de um casal comum, o que se passava no recesso daquele lar era totalmente anômalo em relação aos padrões culturais do tempo. Para esses padrões, a mulher é fortemente determinada pela sua biologia: ela é "útero" (cf. Jz 5,30), é "vaso" (cf. 1Ts 4,4). Sua própria virgindade é um bem social e mesmo econômico. O hímen é o selo da honra feminina. Sem embargo, no casal de Nazaré, tudo é ao contrário: a mulher age como sujeito ativo e livre. Não é ela que serve o marido, mas o contrário: é ele que serve "sua mulher"[4].

3 José, pai de Jesus

Os evangelhos apresentam Jesus como o *"filho de José"* (Lc 4,22b), ou *"filho de José de Nazaré"* (Jo 1,45), ou *"o filho de José, de quem conhecemos o pai e a mãe"* (Jo 6,42), *"o filho do carpinteiro"* (Mt 13,55) ou *"filho, segundo se pensava, de José"* (Lc 3,23).

Sabemos que José não é pai num sentido estritamente genético[5]. É pai no sentido semita, pai social (dá o nome,

---

4. BOFF, C. *O cotidiano...*, op. cit., p. 63; cf. o artigo de GAUTHIER, R. "Der Heilige Joseph in der Heilsgeschichte". *Josefitudien*, op. cit., 3, mar. 1994, p. 18-23, aqui p. 19, com vários testemunhos de teólogos e escritores espirituais sobre o amor e a intimidade em José e Maria.

5. Cf. GRELOT, P. "Saint Joseph". *Dictionnaire..*, op. cit., col. 1.291.

começa a conviver com Maria), é pai no sentido matrimonial e, como veremos ainda, num sentido absolutamente singular. De qualquer forma, Maria e Jesus formam a família de José.

A questão toda é como qualificar essa paternidade. Os evangelhos não fazem nenhum aditivo nem qualificativo. Simplesmente dizem "José é o pai de Jesus". Mas há uma demanda por qualificação. A tradição cunhou vários qualificativos, a maioria inadequados e alguns até malsoantes:

• pai *espiritual*: para opô-lo ao pai carnal, já que Jesus não nasce do sêmen de José. Esse título não qualifica todas as funções que um pai assume em relação ao filho;

• pai *davídico*: porque, impondo o nome a Jesus, o insere dentro da linhagem de Davi, da qual se esperava que viesse o Messias. Para nós, hoje, esse título diz pouco, porquanto é ligado a certo tipo de teologia judaica;

• pai *putativo*: é o pai reputado ou suposto como tal. É um qualificativo totalmente exterior e não acena para a grandiosidade de sua missão junto a Jesus e a Maria;

• pai *legal*: seria o pai jurídico, por conviver com Maria, sua mãe. Por esse título preservar-se-ia a Maria de falsos juízos e a Jesus de origem espúria. Mas, da mesma forma que o anterior, é demasiadamente exterior;

• pai *adotivo*: não sendo pai por natureza, pode alguém fazer-se pai adotando alguém como filho; efetivamente, o que faz alguém ser pai não é apenas o ato físico da geração, mas principalmente o engajamento afetivo, psicológico e moral. É esse engajamento que confere valor e dignidade à paternidade. Este pode até estar ausente naquele que gerou fisicamente o filho. Se não tiver esse engajamento, é menos pai que o pai adotivo. Parece ter sido esta a atitude de José. Assumiu tudo de Jesus e de Maria. Dando o nome "Jesus" à criança, assume essa criança com tudo o que vem implicado de compromissos e deveres;

• pai *matrimonial*: a paternidade de José decorre do matrimônio dele com Maria, matrimônio verdadeiro e legítimo; José exercia para com Jesus todos os direitos e deveres de um pai. João Paulo II, em sua Carta apostólica *Redemptoris Custos*, diz com acerto que a família de José "é verdadeira família humana [...] Nela José é pai: a sua paternidade, porém, não é só 'aparente' ou apenas 'substitutiva'; mas está dotada plenamente da autencidade da paternidade humana, da autenticidade da missão paterna na família" (n. 21). Esse qualificativo talvez seja o mais objetivo e adequado;

• pai *nutrício*: é o pai que nutre e provê as necessidades vitais do filho, coisa que São José, naturalmente, fez; aqui se confunde, entretanto, uma função do pai com a natureza mais ampla da paternidade;

• pai *funcional*: seria um pai meramente exterior à família, com uma função de cuidar, nutrir e educar, uma espécie de encargo de que foi incumbido por Deus;

• pai *educativo*: novamente se restringe a paternidade a uma função, embora importante, de introduzir Jesus na cultura e nas tradições religiosas e espirituais do povo;

• pai *virginal*: aqui se responde pela pergunta acerca da intimidade sexual entre José e Maria. A tradição que vem desde os tempos evangélicos atesta que Maria foi sempre virgem. Ela possuía uma *virginitas uxorata* (virgindade de uma casada), virgindade singular que lhe permitia ser virgem e, ao mesmo, tempo mãe. Tal evento só seria possível como obra divina, quer dizer, Maria seria mãe não a partir do sêmen físico de José, mas por força do Espírito Santo que lhe teria preservado a virgindade, o que teria sido aceito por José. Daí poder-se dizer que José era um *pai virginal*, expressão que, seguramente, não agradará a muita gente que não consegue associar virgindade com paternidade. Melhor talvez seria dizer *pai casto*. Importa acrescentar ainda que a eventual virgindade de Maria pós-parto não dependeu apenas de sua própria opção pessoal, mas também da opção de José, que a apoiou e aderiu a esse propósito de sua esposa.

Importa dizer que não haveria nenhum impedimento dogmático se admitíssemos que Maria e José tiveram uma vida familiar normal, como os demais casais, com relações sexuais, com filhos e filhas. O amor conjugal é símbolo da aliança de amor de Deus para com a humanidade e com a Igreja, como mais tarde dirá Paulo em sua Carta aos Efésios (cf. 5,29-33). Portanto, uma realidade na qual Deus está presente. Entretanto, esse não foi o caminho escolhido por Deus, como no-lo testemunham os evangelhos e toda a comunidade cristã desde os primórdios;

• pai *messiânico*: pai daquele que foi o Messias, de origem davídica. Segundo a profecia de Isaías (cf. 7,14), ele nasceria de uma jovem donzela e virgem; José, conferindo sua genealogia davídica a Jesus, garantiria um quesito para o verdadeiro Messias. E Maria, sendo virgem, garantiria o outro. Pai messiânico seria um título adequado para as exigências da cultura judaica. Mesmo assim, seria um título insuficiente, pois Jesus é mais que Messias, é o Filho de Deus encarnado em nossa miséria;

• pai *personificado*: consoante nosso teologúmenon, José, por ser pai (pouco importa sob que título), possibilitou ao Pai celeste se personificar nele, assumindo sua realidade concreta, com todas as funções que a paternidade envolve. Fundamentaremos com mais detalhe essa nossa leitura teológica no corpo central de nosso livro.

De todas as formas, temos a ver com uma paternidade singular e única que se perde para dentro do mistério de Deus. Deus se propôs assumir a realidade humana, fazendo-a sua. Quis fazê-lo pelo caminho percorrido por todos os humanos, pelo encontro e pelo amor entre um homem e uma mulher, numa palavra, pela família, pois todos nascem de um pai e de uma mãe, normalmente, no seio de uma família. Ocorre que o ser que está sendo concebido e vai nascendo não é um ser humano qualquer. É alguém que, sendo perfeita e totalmente humano, participa do Divino, vem do seio de Deus, é Deus mesmo. Aqui há algo singular. Se o fato é singular, singular será também o caminho. Se esse foi o caminho escolhido por Deus através de uma mulher virgem, amparada por um esposo que acabou, depois de hesitações, aceitando seu lugar nesse caminho, não há por que não respeitá-lo reverentemente e se interrogar com unção pelo desígnio que se quer aí comunicar.

Para um fato único e sem paralelo precisar-se-iam palavras também únicas e sem paralelo. E essas nos faltam. E não se encontram em nenhum dicionário. Como sair desse impasse? A tradição do pensamento cristão tentou de mil formas, sem grande sucesso. Todas as expressões ficam aquém da singularidade do fato.

O mais indicado talvez seja manter a linguagem dos textos sagrados e da tradição cristã, que inclui os apócrifos, e simplesmente dizer: *José foi e é o pai de Jesus de Nazaré*, deixando para reflexão posterior encontrar sua explicação adequada e os termos convenientes.

4 Os irmãos e as irmãs de Jesus

Questão à parte é entender os assim chamados "irmãos e irmãs de Jesus"[6]. Marcos e Mateus citam até os nomes dos irmãos: Tiago, José, Judas e Simão (cf. Mc 6,3; Mt 13,55) e falam das irmãs, embora sem referir os nomes, mas que vivem aí entre eles (cf. Mc 6,3b; Mt 13,56). João conta que "seus irmãos" insistiam para que Jesus se mostrasse em público, preferentemente na Judeia e na capital, Jerusalém (cf. Jo 7,3). Mas acaba comentando que *"nem seus irmãos acreditaram em Jesus"* (7,5).

Como se há de entender tais irmãos e irmãs? Muitos historiadores, livres de qualquer referência dogmática, estimam que se trata de verdadeiros filhos e filhas de José e de Maria. Jesus seria apenas o filho mais novo ou um entre eles. Repetimos o que escrevemos acima: em termos dogmáticos isso não é impossível, nem é indigno de Deus.

---

6. BLINZLER, J. *Die Brüder und Schwester Jesu*. Stuttgart: SBW, 1969; GÄCHTER, P. "Die Brüder Jesu". *Zeitschrififür katholische Theologie*, 89, 1967, p. 458-469; DEISS, L. *Joseph, Marie...*, op. cit, p. 205-207 [com ampla discussão em *Lexicon der Marienkunde*. Freiburg, 1960, p. 959-969; LALLEMENT, D.J. *Mystère de la paternité de Saint Joseph*. Paris: Téqui, 1986]; COUTURE, M. *Saint Joseph époux et père*: un modele para tous. Montreal: Les Editions Carmel, 1997.

O matrimônio fecundo garante a perpetuidade da vida humana. Com mais filhos/filhas, aumentaria a reputação de Maria em Nazaré, pois, para os judeus, isso significaria que ela teria sido abençoada por Javé. Para os homens bíblicos, o sagrado era a maternidade e não a virgindade ou uma pureza infecunda.

Mas essa não é a opção dos textos evangélicos que temos. Eles dão até por pressuposta a virgindade de Maria e referem a surpresa de sua gravidez misteriosa. Por isso é razoável ficar em comunhão de fé com essa tradição e com a comunidade cristã, que assim entendeu e continua a entender o que ocorreu com Maria.

Outros historiadores e teólogos aventam a hipótese de se tratar de filhos e filhas de José, de um casamento anterior àquele com Maria. José seria, então, viúvo, já com certa idade, e teria casado com Maria mais tarde, coisa que os apócrifos descrevem com plasticidade. Os evangelhos, entretanto, não sabem nada disso.

Outros chamam a atenção para o fato de que, para o Primeiro Testamento, "irmãos e irmãs" não necessariamente significam "irmãos e irmãs" no sentido que nós damos a essas palavras. Poderiam ser primos e primas.

Notoriamente, havia um conceito de família mais ampliado do que aquele estritamente nuclear. Assim, por exemplo, diz-se que Lot é irmão de Abraão. Mas, na verdade, era seu tio (cf. Gn 13,8; 14,16); diz-se que Jacó é irmão de Labão, que era de fato, também, seu tio (cf. Gn 29,15); Nadab e Abiú, filhos de Aarão, são chamados de irmãos de Misael e Elisafã, que na verdade eram filhos de um tio de Aarão, de nome Oziel (cf. Lv 10,1-4).

Conhecendo esse sentido de família ampliada, não se pode concluir que os irmãos e irmãs de Jesus referidos por Marcos (cf. 6,3) e Mateus (cf. 13,55-56) sejam realmente filhos de Maria e de José. Ao contrário, indícios da tradição recolhida pelo Evangelista João indicam que Jesus era filho único de Maria. Depois da morte de Jesus na cruz, por falta deles, ela ficou na casa do *"discípulo que Jesus amava"* (Jo 19,27), ficou sob os cuidados de João Evangelista. Essa afirmação seria incompreensível e mesmo estranha se Maria tivesse outros filhos e filhas que, naturalmente, iriam tomar conta dela.

O que podemos admitir é que Jesus loi criado num ambiente familiar ampliado, com primos e primas, todos considerados seus familiares, seus "irmãos e irmãs". Mesmo tão próximos, eles foram os primeiros a não entender sua atividade de pregador ambulante pelos vilarejos da Galileia. O Evangelho de Marcos, o mais antigo dos quatro, escrito pelo final na década de 50 d.C., atesta que *"os seus saíram para agarrá-lo, pois diziam: 'Ele está louco'"* (3,21). Quando se dão conta de que Jesus saiu, de fato, de casa e começou a pregar sistematicamente pela Galileia, *"sua mãe e seus irmãos"* (Mc 3,32) foram atrás dele para falar com ele e trazê-lo de volta. Foi então que Jesus fez a ruptura necessária que marca o novo tempo e o novo parentesco, fundado não mais no sangue, mas na fé e no Evangelho. Jesus diz: *"Aquele que fizer a vontade de Deus, esse é meu irmão, minha irmã e minha mãe"* (Mc 3,35).

5 José, homem justo

São Mateus caracteriza a personalidade de José atestando que ele era um homem "justo" (cf. 1,19a); a mesma coisa diz São Lucas com referência a Simeão (cf. 2,25).

Qual é o sentido exato *de justo*, na compreensão judaica? *Justo* vai além de nossa compreensão usual de justo, que é a pessoa que dá o valor exato às pessoas e às coisas, que age com retidão, que ama o direito e observa as leis. A visão bíblica comporta esses elementos e outros mais. Existe uma verdadeira espiritualidade do "justo". Para se entender essa espiritualidade[7], precisamos combinar dois conceitos: *sadik* (justo) e *hassid* (piedoso).

Primeiro vem o piedoso (*hassid*). É a pessoa que vive intensamente a ordem do amor a Deus, cultivando grande intimidade com Ele, sensível a seus desígnios, expressos pela lei como manifestação viva de sua vontade. O piedoso insere-se integralmente na tradição espiritual do povo através da prática religiosa familiar, da participação nas festas sagradas e na frequência semanal à sinagoga.

Esse homem com essas características – piedoso – se transforma num justo (*sadik*) quando ganha irradiação na comunidade, educa pelo exemplo os mais jovens, conquista, pela conduta íntegra, a confiança dos demais e se torna uma referência coletiva. Sua vida mostra a verdade de seu fervor religioso e sua inteireza o torna um modelo de adesão a Deus. O conjunto desses valores constitui o "justo" na compreensão bíblica, ou o caminho do justo, tão decantado pelos salmos, a começar pelo primeiro.

Como se depreende, o "justo" possui uma missão pública importante. Por isso, não podemos imaginar, por

---

7. SPICQ, C. "'Joseph, son mari, étant juste' (Mt 1,19)". *Revue Biblique*, 71, 1964, p. 206-214; LEAL, J. "La misión de José en la historia de Jesus". *Manresa*, 41, 1960, p. 209-216; SICARI, A. "'Joseph Justus' (Mt 1,19); la storia dell' interpretazione e le nuove prospettive". *Cahiers de Joséphologie*, 19, 1960, p. 53-61; no mesmo número, p. 81-103, RASCO, E. "El anuncio a José (Mt 1,18-25)"; EPHRAÏM, J. *Joseph, un pire...*, op. cit., p. 18-23.

causa de sua figura silenciosa e discreta, retratada pelos evangelistas, que José fosse um anônimo qualquer perdido na massa. Mesmo marcado pelo silêncio, pelo fato de ser "justo" suas palavras eram escutadas, seus conselhos seguidos, seu exemplo comentado. São José é mais que o mero artesão-carpinteiro das mãos calosas, segurando o serrote, mudo e reservado. Logicamente, ele é um trabalhador e, como tal, é silencioso, mas não devemos fazê-lo refém do estereótipo do proletário. Antes, o trabalho foi o lugar normal do ganha-pão e também a oportunidade de experimentar Deus, de crescer, silenciosamente, na meditação dos desígnios divinos. O amor a Deus e ao próximo, a observância das tradições e da lei constituíam a aura que inundava sua casa e sua oficina.

Essa atmosfera foi fundamental na educação de Jesus. Se em sua vida pública Jesus mostrou a radicalidade do amor incondicional a Deus e ao próximo, particularmente aos mais pequeninos, foi na escola de José e de Maria que aprendeu não só a lição, mas viu, principalmente, o exemplo. Se vai chamar a Deus *de Abbá* ("Paizinho"), como expressão de profunda intimidade, é porque viveu essa intimidade com seu pai José, chamando-o, em criança, também de *abbá*, pois era a expressão que as crianças usavam para com seus pais e avós.

6 José, o nazareno, o "severino"

José é um nazareno, cidadão da pequena vila de Nazaré. Esse fato é enfatizado pelos evangelistas. Por que é importante a cidade de Nazaré como lugar de moradia da sagrada família? Primeiro, para mostrar que José é de fato pai. Ontem e hoje, normalmente compete ao pai definir o lugar de moradia da família.

Efetivamente José, diz São Mateus, *"retirou-se para as bandas da Galileia, indo morar numa cidade chamada Nazaré, para que se cumprisse o que foi dito pelos Profetas: será chamado nazareno"* (2,23).

Nazaré não é propriamente uma cidade (*polis*), mas um pequeno vilarejo, tão insignificante a ponto de se perguntar: *"Pode vir alguma coisa boa de Nazaré?"* (Jo 1,46). Mas foi aí que Maria recebeu o anúncio da concepção de Jesus (cf. Lc 1,26-38). Aí cresceu Jesus e passou sua juventude (cf. Lc 2,39-52; Mt 2,23). De lá Ele saiu a pregar pela redondeza (cf. Mt 4,13; Mc 1,9), inaugurando sua vida pública, antes totalmente privada, no interior da família. Era até chamado, por isso, o profeta de Nazaré (cf. Mt 21,11).

Os primeiros cristãos, inicialmente, eram chamados de nazarenos, nome abandonado quando, em Antioquia, por volta do ano 43, os magistrados romanos, que consideravam os seguidores de Jesus membros de uma seita judaica, começaram a chamá-los de cristãos (cf. At 11,26; 26,28; 1Pd 4,16).

Em segundo lugar, Nazaré é importante pelo sentido misterioso acenado por São Mateus ao referir-se aos profetas que disseram: Jesus *"será chamado de nazareno"* (Mt 2,23).

De fato, os textos falam de Jesus de Nazaré (cf. Mt 21,11; Mc 1,9; Jo 1,45). Outros o denominam Jesus nazareno (cf. Mc 1,24; 10,47; 14,67; 16,6; Lc 4,34; 24,19). Curiosamente outros textos, mais numerosos, o chamam de Jesus *nazoraios* (adjetivo de difícil tradução e por isso simplesmente traduzido por "Jesus nazareno": cf. Mt 2,23;

26,71; Lc 18,37; Jo 18,5.7; 19,19; At 2,22; 3,6; 4,10; 6,14; 22,8; 24,5; 26,9)[8].

Qual é o significado de ser chamado de nazareno e sua variante, *nazoraios?* Seguramente não é apenas por um motivo geográfico evidente (habitante da vila de Nazaré), mas por uma razão teológica precisa. Isso queremos aclarar agora.

A referência de Mateus aos profetas remeteria, à primeira vista, a Is 42,6 e 49,6, passagens que contêm o verbo *neser* de onde vem "nazareno", significando "o rebento messiânico" ou "o resto messiânico". Jesus seria o messias e o representante "do pequeno resto de Israel" que sempre ficou fiel a Deus em toda as traições que a história do povo de Israel testemunha. Jesus se insere na continuidade dessa fidelidade visceral a Deus.

"Nazareno" pode evocar também as palavras *nazir* e nazireu, significando, em hebraico, um homem consagrado a Deus, como eram os profetas (cf. Am 2,11). Esses "nazireus" simbolizavam esse chamamento por alguma abstenção, como não tomar vinho (cf. Jz 13,14) ou não cortar o cabelo, como era o caso de Sansão (cf. 1 Sm 1,11). Existia até uma confraria dos nazireus, o nazireato. Quanto a Jesus, pode bem ser que Mateus tenha querido insinuar que Jesus, como os profetas, também foi chamado por Deus

---

8. Para toda esta questão cf. LAURENTIN, R. *Les évangiles de l'enfance du Christ.* Paris: Desclée de Brouwer, 1982, com ampla bibliografia, p. 331-332; BRÄNDLE, F. "Jesus Nazareno por que? El puesto de José en el camino de la revelación". *Cahiers de Joséphologie,* 39, 1991, p. 34-41; para uma cristologia que emprega o termo *severino* para Jesus, cf. GOLDSTEIN, H. *Brasilianische Christologie, Jesus der Severino heisst.* BKV, Mettingen: Brusilienkunde-Verlag, 1982, especialmente todo o primeiro capítulo "Uma vida severina", p. 11-37 e "Um nazareno do Ceará", p. 106.

para ser o Messias. Daí explorar o fato geográfico de ser nazareno, dando-lhe um significado profético e messiânico. Dizer Jesus "nazareno" equivaleria a dizer "Jesus, o Messias prometido".

Mas importa não esquecer que os evangelistas, sempre que se referem a Jesus como o Messias, pensam no Messias servo-sofredor, o Messias que assume os pecados do mundo, o Messias crucificado. Essa imagem se afasta totalmente do imaginário popular e teológico da época, que esperava um Messias-rei, um Messias-libertador político contra a ocupação romana e um Messias-sumo sacerdote, reformador da piedade e dos costumes. Dizer que Jesus é um Messias-nazareno equivaleria a dizer que Jesus seria um Messias-severino, vale dizer, um Messias que assume a vida e a morte severina dos anônimos, chamados, no Nordeste brasileiro, de "severinos".

Esse significado mais sutil foi captado pelo evangelista, pensador e teólogo profundo, São João Evangelista. Em seu evangelho, chama também Jesus de nazareno. Como é sabido, o Evangelista João procura ver fundo nos fatos e interpretar as mensagens presentes nos nomes e nos símbolos que ocorriam. Destarte, para João, chamar Jesus de nazareno obedece a uma intenção teológica bem específica. Ela tem a ver com sua compreensão do mistério da encarnação.

Para São João, encarnação implica assumir, por parte do Verbo, a situação humana de "carne" (cf. Jo 1,14), quer dizer, a vida de fraqueza, de desprezo e de humilhação. Numa palavra, uma vida "severina", no sentido que o poeta João Cabral de Melo Neto dá em seu poema "Morte e vida Severina", como explicamos anteriormente.

Aproveitando o fato histórico-geográfico de Jesus ser nazareno, entrevê aí uma significação teológica: Jesus está vinculado a um lugar considerado desprezível (cf. Jo 1,45-46; 6,42), terra onde vivem, na crença da época, ignorantes que não conhecem a lei (cf. Jo 7,4), os obscuros e anônimos que, na linguagem do poeta, são "severinos", aqueles pobres e marginalizados que não chamam a atenção de ninguém.

Deus, entretanto, quis se encarnar precisamente nessa situação "nazarena", "severina", de humildade e contradição. Dito em outras palavras, Deus se revelou em Jesus não simplesmente porque é homem, mas porque é "nazareno", vale dizer, enquanto é pobre, desprezado, ignorante e sem nome, como os "severinos" de nossa história.

Foi José que, ao decidir morar em Nazaré e virar nazareno, no duplo sentido da palavra (morador de Nazaré e "severino"), criou as condições para que Deus se encarnasse nessa situação de rebaixamento. José, portanto, ajudou o Verbo a se encarnar concretamente na situação "severina" daquela época. Com isso Deus mostrou o privilégio messiânico dos pobres e "severinos". Pelos critérios humanos, eles não contam para nada, eles não são. Mas para Deus contam, pois do seu meio veio o Salvador e eles são o corpo histórico do Messias.

Se Maria deu a Jesus a "carne" física, foi José que lhe forneceu a "carne severina", a situação histórico-social de miséria, indo morar em Nazaré.

7 José cuida da família no exílio e nas mudanças

O primeiro sinal da paternidade de José é o cuidado que tem para com Maria grávida, acolhendo-a em sua casa como sua mulher (cf. Mt 1,24). Maior cuidado ainda mostrou quando, a caminho de Belém por ocasião do recenseamento, Maria começou a sentir dores de parto[9]. Procurou lugar nas hospedarias da região, mas não havia lugar para eles (cf. Lc 2,7). Recolheram-se, então, a uma gruta reservada aos animais. A manjedoura onde o recém-nascido foi reclinado era a cavidade, na parede, onde animais recebiam seu alimento (cf. Lc 2,7).

Particular preocupação e cuidado mostrou José quando soube da matança que Herodes ordenara, de todas as crianças com menos de dois anos da região da Judeia, onde ficava Belém, lugar do nascimento de Jesus. Visava a eliminar eventual pretendente a "rei", no caso o Menino Jesus, de descendência real davídica. Como a vila e arredores não contavam mais que mil pessoas, pressupõe-se que a medida de Herodes não tenha atingido mais do que vinte meninos com menos de dois anos[10].

Esse monarca Herodes era especialmente sanguinário. Suas mãos estavam manchadas do sangue de seus predecessores Antígona e Hircano, junto com seus familiares e seguidores. No ano 7 a.C. mandara estrangular dois filhos, Alexandre e Aristóbulo, e no ano 4 a.C. o outro filho, Antípater, por medo que lhe arrebatassem o trono. Mariana, a esposa preferida, fora morta por ciúme, junto com muitos tidos por conspiradores e suas famílias. Isso tudo ocorreu no ano mesmo de sua morte, 4 a.C., exatamente na época

---

9. Cf. detalhes em VISCHER, W. "Comment arriva la naissance de Jésus-Christ? Meditation sur le rôle de Joseph selon Mt 1,25". *Études théologiques et religieuses*, 37 (1962), p. 365-370.

10. Cf. os dados e a discussão das fontes em LAURENTIN, R. *Les évangiles...*, op. cit., p. 436-437.

em que São Mateus situa o massacre dos inocentes, o que provocou a famosa frase do Imperador César Augusto, em Roma: "Prefiro ser antes o porco de Herodes que seu filho". Trata-se de um jogo de palavras, pois "porco", em grego, é *hys* e "filho", *hyiós*.

Nesse contexto de medo e de angústia, José teve que mostrar coragem e sangue frio: *"Levantando-se, tomou o menino e a mãe, de noite, e partiu para o Egito"* (Mt 2,14).

A família conheceu o exílio, não em qualquer país amigo, mas no país onde outrora seus antepassados foram escravizados, no Egito. Com referência a esse país, havia uma pesada carga de conotações negativas, que atravessam os textos sagrados do Primeiro Testamento. Não temos referências de como foi a vida de José, Maria e Jesus lá no Egito. Mas os exilados, ontem e hoje, passam pelas mesmas necessidades: a angústia de serem acolhidos ou não, o que comer, onde morar, em que trabalhar, quando poder regressar.

Aqui a figura do pai José desempenhou uma importância insubstituível. Coube a ele dar segurança, mover-se para prover o necessário, estabelecer laços mínimos de solidariedade e amizade com os vizinhos desconhecidos.

São Mateus conta (cf. 2,15) que a família ficou no Egito até a morte de Herodes (por volta do ano 4 a.C.). Na nova datação da era cristã, corrigindo os erros de cálculo que ocorreram anteriormente, Jesus teria nascido quatro anos antes de nossa era. Se assim for, então a família ficou no Egito no máximo um ano. Regressou depois para a Judeia (cf. Mt 2,22). Mas aí Arquelau, filho de Herodes, ocupava o trono. Não era menos sanguinário que seu pai (cf. Mt 2,22; Lc 19,12-27), constituindo uma ameaça para a família de José.

Então decidiu ir morar na província da Galileia, ao norte, e esconder-se em Nazaré, lugar pacato e irrelevante. Aí governava outro filho de Herodes, Herodes Antipas, menos truculento que seu irmão Arquelau. Mas vivia em festas e orgias. Apaixonou-se por sua cunhada Herodíades, fato denunciado pelo primo de Jesus, João Batista, que acabou sendo preso (cf. Lc 7,18-28) e por fim decapitado.

Todos esses translados são problemáticos e carregados de preocupações. Há coisas para empacotar, cuidados com objetos frágeis, móveis que ficam para trás. E há ainda os cuidados para com o filho pequeno e com a mãe traumatizada. Eles podem adoecer em viagem, precisam comer e beber, ter garantidos os lugares de pernoite. Todas essas tarefas são obrigações do pai José que ele, seguramente, assumiu com destemor e determinação.

8 José educa Jesus e o introduz nas tradições

A família de José segue estritamente a tradição. Aos oito dias do nascimento (cf. Lc 2,21), Jesus é circuncidado e ganha um nome, imposto por José, Jesus ("Deus salva"). Quarenta dias após, conforme mandava a Lei (cf. Lc 2,22-40), os pais levam Jesus ao Templo em Jerusalém, para ser consagrado a Deus. Normalmente a família oferece um carneiro. Mas as pobres devem se contentar com um par de rolas ou dois pombinhos, como ocorreu com a família de José (cf. Lc 2,24). Depois voltam para casa, em Nazaré. Segue-se aí a rotina das famílias populares que vivem do trabalho e do convívio entre parentes e vizinhos. O Evangelho diz que *"Jesus crescia em sabedoria, estatura e graça diante de Deus e dos homens"* (Lc 2,52).

Até os cinco anos, o menino judeu estava sob os cuidados, preferentemente, da mãe. Ela deixa que ele brinque no pátio da casa e na rua, com os primos ("irmãos" e "irmãs") e amiguinhos. Aquilo que o poeta maior, Fernando Pessoa, diz do Menino Jesus pode ser perfeitamente verossímil:

> É uma criança bonita de riso e natural.
> Limpa o nariz ao braço direito,
> Chapinha nas poças de água,
> Colhe as flores e gosta delas e esquece-as.
> Atira pedras aos burros,
> Rouba a fruta dos pomares
> E foge a chorar e a gritar dos cães[11].

Os apócrifos, como veremos mais à frente, especialmente o *Evangelho do pseudo-Tomé*, contam as travessuras de menino Jesus, o que lhe custou um belo "puxão de orelha" [sic] por parte do pai José[12]. De resto, ajuda sua mãe em casa, a moer com o pilão os grãos de cevada ou trigo, a buscar lenha, a ir à fonte, a esmagar azeitonas e recolher frutas postas a secar ao sol. Era obediente aos pais (cf. Lc 2,51).

Depois dos cinco anos, é o pai a figura principal. Sua missão é fazê-lo "ser gente"[13]. A escala de valores já vem determinada pela lei e pelos Profetas que os meninos aprendem a ler desde cedo na escola da sinagoga (cf. Lc 4,17; Jo 8,6). Aos 13 anos é considerado maiorene, já com maturidade religiosa; é considerado "filho do mandamento". Terminam aí os estudos. O resto é a vida e a frequente

---

11. PESSOA, F. "O guardador de rebanhos". In: *Obra poética*. Rio de Janeiro: Aguilar, 1974, p. 210 [L. Ramos, v. 2, p. 70].

12. RAMOS L. Evangelho do pseudo-Tomé. In: RAMOS, L. *São José e o Menino Jesus*. Petrópolis: Vozes, 1990.

13. BOFF C. *O cotidiano...*, op. cit., p. 39-44.

leitura das Escrituras, em casa e na sinagoga, que o irão educar. Que Jesus possuía especial vivacidade mostra-se na reação dos fariseus: *"Esse homem aí não fez estudos"* (Jo 7,15). *"Quem te deu essa autoridade?"* (Mc 11,28).

José iniciou Jesus na oração. Pai e filho fazem, cedo, a oração da manhã, voltados para Jerusalém, onde está a morada de Deus no Templo. Dão três passos em frente, para simbolizar que se colocam debaixo da Tenda Sagrada (*shekinah*), onde se densifica a presença divina.

Recitam em voz alta e olhos firmes em direção de Jerusalém: "Bendito sejas, Senhor Deus do Universo, criador da luz e das sombras, que dás a paz e crias tudo, que com misericórdia concedes a luz à terra e a seus habitantes e que cada dia renovas, para sempre, a primeira aurora do mundo".

Depois faz-se a famosa profissão de fé, que começa com as palavras *Shemá, Israel* ("Ouve, Israel"), credo que todo judeu tem em seus lábios e que os condenados nos campos de extermínio nazistas recitavam alto ao entrarem nas câmaras de gás: *"Ouve, Israel (Shemá, Israel), o Senhor nosso Deus é o único Senhor. Amarás o Senhor teu Deus com todo o teu coração, com toda a tua alma {...} e com todas as tuas forças"* (Mc 12,29-30).

Em seguida se recitavam as seis bênçãos (outros recitavam 18), repetidas três vezes ao dia. Citamos apenas a primeira e a última:

Primeira: "Bendito sejas Tu, Senhor nosso Deus, Deus de Abraão, Deus de Isaac e Deus de Jacó, Deus altíssimo, autor do céu e da terra, nosso escudo e escudo dos nossos pais, confiança nossa por todas as gerações e gerações".

E a última: "Põe tua paz em Israel, teu povo, e na tua cidade e na tua herança, e abençoa-nos a nós todos em unidade"[14].

Aos sábados a família inteira vai ao culto na sinagoga: José, com Jesus à frente e Maria atrás, como era praxe naquele tempo. Pai e filho ocupam a parte central, reservada exclusivamente aos homens, enquanto Maria fica nas galerias laterais ou nos matroneus ao alto, lugar destinado às mulheres. Depois da recitação de salmos e de bênçãos, leem-se tópicos da Torá, seguidos de trechos dos Profetas. Essas leituras são feitas por pessoas designadas dentre os participantes. José e Jesus devem ter participado por turno. Seguia-se uma homilia, seja pelo coordenador, seja por alguém perito em teologia, seja por algum dos presentes, como ocorreu certa feita com Jesus na sinagoga de Nazaré, quando anunciou seu programa de libertação (cf. Lc 4,17-22).

No final se fazem várias orações e se dá a bênção (cf. Nm 6,24-26) divulgada posteriormente por São Francisco: "O Senhor vos abençoe e vos guarde. O Senhor faça brilhar sobre vós sua face e se compadeça de vós. O Senhor volte para vós o rosto e vos dê a paz".

O restante do dia é passado dentro do espírito do descanso sabático: poucos passos, vida em família e acolhida a eventuais visitas.

José introduziu Jesus em todas essas tradições da fé hebraica. Uma das principais delas era anualmente ir a Jerusalém e celebrar a Páscoa no Templo. Ia-se em caravanas, alegres, cantando os famosos "salmos das subidas" (cf. Sl 120-134), percorrendo os 140 quilômetros que separavam Nazaré de Jerusalém.

---

14. Ibid., p. 26-27.

O Templo constituía uma das maravilhas do mundo antigo, esplêndido, sobre o Monte Sião. Começou a ser construído no ano 20 a.c., ao tempo do nascimento de Maria, foi inaugurado uns dez anos depois e só concluído mesmo no ano 63 d.c. Além de lugar de culto, desempenhava várias funções como tribunal, escola superior de rabinos, banco, mercado e cidadela.

Os peregrinos vindos de Nazaré tomavam o caminho que passava por Betânia e dava no bairro Bezatha, entrada de Jerusalém. Dirigiam-se à piscina probática, onde os peregrinos se purificavam, bem como lavavam os animais que iam sacrificar no Templo.

Quando Jesus completa 12 para 13 anos, idade em que é considerado adulto, é levado ao Templo, como São Lucas narra com certo detalhe (cf. 2,41-52). Aí a família vai celebrar a Páscoa, que implica comer o cordeiro pascal e pães não fermentados com ervas amargas, acompanhados de quatro copos de vinho (cf. Lc 22,14-18), lembrando a saída perigosa do Egito, terra da escravidão (cf. Ex 12,15-20).

Na véspera da Páscoa, à tarde do dia 14 de nisã ("abril"), José e Jesus levam o cordeiro para o Templo a fim de ser sacrificado e sangrado Nobre o altar pelas mãos dos sacerdotes, como manda o ritual de Moisés (cf. Ex 12,1-14). Só depois é levado para casa e preparado por Maria e por outras mulheres, para ser comido na ceia pascal (antigamente chamada de *haggadah* e hoje de *seder*). Mas a celebração continuava ainda por sete dias.

Depois, as caravanas se formam e regressam, alegres e ruidosas, para casa. Dessa vez, entretanto, ocorreu um imprevisto. Jesus ficou em Jerusalém, como menino perdido. José e Maria pensavam que tivesse se incorporado na caravana. Procuraram-no entre parentes e conhecidos e não o acharam. Voltaram a Jerusalém e só o encontraram três dias após, no Templo, em meio a uma discussão calorosa com doutores, coisa que causou admiração a todos. Sua mãe, perplexa, diz: *"filho, por que agiste assim conosco? Olha que teu pai e eu, aflitos, te procurávamos"* (Lc 2,48). É uma reprimenda justa, face a um comportamento inaceitável.

A cristologia posterior encontrou uma explicação colocada na boca de Jesus: *"Por que me procuráveis? Não sabíeis que eu devia estar na casa de meu Pai?"* (Lc 2,49). Mas o texto diz claro e com razão: *"Eles não entenderam o que lhes dizia. {...} Sua mãe conservava a lembrança de tudo isso no coração"* (Lc 2,50-51). Por outro lado, São Lucas atesta que Jesus foi para casa com eles e *"lhes era submisso"* (2,51). Quanto ao fato de estar no meio de doutores no Templo, discutindo com eles, deve ser entendido dentro do contexto da época. No Templo havia seminários permanentes, mantidos pelos doutores para os interessados no estudo das Escrituras, especialmente destinados aos jovens que, como Jesus, alcançavam a maturidade[15]. Numa situação assim se entende a troca vivaz de Jesus com os doutores, causando espanto a eles.

Junto com a iniciação na piedade e nas tradições religiosas do povo, José iniciava o filho na profissão de carpinteiro-artesão (cf. Mt 13,55). Jesus, nas pregações, mostrava-se conhecedor do assunto ao falar da "madeira verde" e da "madeira seca" e da casa bem ou malconstruída (cf. Mt 7,24-27; Lc 6,48-49). A partir da experiência pessoal de trabalhador podia dizer: *"O Pai trabalha até agora e eu trabalho também"* (Jo 5,17). Esse pai podia ser tanto o Pai celeste quanto sua personificação na terra, José de Nazaré, seu pai.

---

15. Ibid., p. 90, cf. ARON, R. *Gli anni oscuri...*, op. cit., p. 143-144.

Finalmente, a função primordial de José como pai, junto com Maria, foi a de abrir a mente do menino às experiências fundacionais que marcam toda a vida. Se Jesus é aquilo que conhecemos dele, profeta corajoso, contador de histórias inflamado, curador de tantas doenças humanas, amigo dos pobres e excluídos, cheio de ternura para com as crianças e com as mulheres e íntimo de Deus, deve-se em grande parte a seus pais, Maria e José.

Não precisamos de documentos da época para saber da importância decisiva da mãe e do pai nos primeiros dois a três anos de formação do bebê Jesus. Jean Piaget, com sua psicologia e pedagogia evolutiva, mas principalmente Donald Winnicott, com sua pediatria combinada com a psicanálise infantil, nos detalharam os percursos da psique nesses momentos iniciais e seminais da vida[16].

A preocupação materna primária pela qual a mãe se identifica com o bebê faz com que ela passe a ele o sentimento importantíssimo de segurança, de sentir-se acolhido e não ameaçado. Lentamente, o bebê vai descobrindo o outro (agarra-se àquela fraldinha, ao ursinho, chamados por Winnicott de *objeto transicional*, dos quais por nada no mundo se separa) e marca já uma diferenciação com a mãe. Inaugura-se assim o começo da descoberta da alteridade e também do surgimento da criatividade, que lhe permite, sem estresse, ficar só, embora ainda ligado à mãe. A partir desse momento começa a ganhar importância a figura do pai. Ele reforça o eu do bebê que está nascendo e a autossegurança, base para a fidelidade às suas próprias convicções futuras e às verdades que darão sentido à sua vida. Surge

---

16. Cf. algumas obras de WINNICOTT, D.: *A criança e seu mundo*. Rio de Janeiro: Zahar, 1975; *A família e o desenvolvimento* individual. São Paulo: Martins Fontes, 1975; *Conversando com os pais*. São Paulo: Martins Fontes, 1997.

mais claramente o outro e o limite que ele, naturalmente, impõe. Ao surgir o outro diante do bebê, nasce o primeiro princípio da ética da relação intersubjetiva, da generosidade e da doação. O comportamento ético futuro estará ligado, fundamentalmente, a esse irromper primeiro do outro e da responsabilidade diante dele. Se Jesus, em sua vida pública, irá mostrar-se como um ser-para-os-outros e dar centralidade ao amor ao próximo, que ele identificará com o amor a Deus (cf. Mt 22,39), é nestas primeiras experiências de contato com seu pai e com sua mãe que encontra a base de sustentação.

Como se depreende, esse jogo sutil de relações mãe-pai-bebê constrói o perfil básico da personalidade para o resto da vida. Jesus passou por esta escola dos sentimentos e das emoções bem realizadas e bem integradas, que nos permitem entender sua personalidade singular, marcada simultaneamente pela ternura e pelo vigor, pela paixão pelos outros e pela paixão por Deus, pela coragem de proclamar a sua verdade e, se preciso, romper com a tradição.

Se Jesus em sua pregação nos transmite sua experiência de Deus como *Abbá* ("Paizinho") é porque a viveu previamente com seu pai José. Segundo nossa hipótese, que iremos ainda detalhar, José personificava o Pai celeste. Nada mais natural que Jesus sentisse essa extrema proximidade e intimidade de Deus-Pai por causa da intimidade e proximidade com José.

9 Os sonhos de José

José não recebe, à semelhança de Maria, nenhuma comunicação verbal direta. Deus e o anjo (que está no lugar de Deus) se comunicam com ele exclusivamente por sonhos: ficar com Maria, apesar de grávida, dar o nome a Jesus, a fuga para o Egito, a ordem de voltar e de ir morar em Nazaré (cf. Mt 1,20-21.24; 2,13; 2,19-20).

Muito se tem especulado sobre o sentido dessa forma de comunicação divina através dos sonhos[17]. Para todo o mundo antigo, no Egito, na Assíria, na Grécia, os sonhos eram caminhos normais de revelação divina. Sócrates via nos sonhos advertências divinas, e em Homero os sonhos são considerados mensageiros dos deuses.

No Primeiro Testamento Deus se revela, às vezes, aos profetas por meio de sonhos (cf. Nm 12,6; Dn 7,1; Jl 3,1) ou eles são considerados mensagens vindas de Deus (cf. Gn 20,3; 28,12; 31,24; 1Rs 3,5). Sua interpretação exige sabedoria e arte.

Na tradição teológica, como em Santo Tomás de Aquino[18], os sonhos são vistos como um tipo de experiência inferior, uma espécie de semivida. Não se conheciam ainda as contribuições que a moderna psicologia do profundo, de S. Freud e de C.G. Jung, trouxeram para a compreensão dos sonhos e seu lugar na totalidade da vida psíquica[19].

---

17. O melhor estudo o tema é ainda o livro de RESCH, A. *Der Traum im Heilsplan Gottes*; Deutung und des Traumes im A.T. Freiburg: Herder, 1964.

18. Cf. uma boa exposição da teoria dos sonhos em KELSEY, M.T. *Deus, sonhos e revelação*. São Paulo: Paulus, 1966, p. 245-252.

19. Cf. a principal bibliografia sobre os sonhos: FREUD, S. *A interpretação dos sonhos* (1900); JUNG, C.G. *Símbolos de transformação*. Petrópolis: Vozes, 1980, [OC, 5]; JUNG, C.G. *Os arquétipos do inconsciente coletivo*, vol. 9/1; KELSEY, M.T. *Deus, sonhos...*, op. cit.; EDINGER, F. *Bíblia e psique* – Simbolismo da individuação no Antigo Testamento. São Paulo: Paulinas, 1990; TARDAN-MASQUELIER, Y. & JUNG, C.G. *A sacralidade da experiência interior*. São Paulo: Paulus, 1994; GALLBACH, M.R. *Aprendendo com os sonhos*. São Paulo: Paulus, 2000.

Segundo esses autores, o eu consciente compreende uma parte só da vida. Existe ainda o subconsciente e principalmente o inconsciente pessoal e coletivo. Se a palavra, as metáforas e os conceitos são os veículos da consciência, os sonhos, as imagens, os símbolos e as figuras oníricas são a expressão do inconsciente. Através dessa linguagem, que provém dos estratos mais profundos da psique, emergem advertências, mensagens, compensações e antecipações que têm a ver com o processo de individuação, vale dizer, com a constituição de uma personalidade madura e bem realizada[20].

Existem sonhos e sonhos. Há alguns considerados "os grandes sonhos" ou "sonhos arquetípicos" que são portadores de verdadeiras mensagens que orientarão o rumo da vida das pessoas. Importa ouvir os sonhos, advertem-nos os psicanalistas, cumpre analisá-los, deixar que seu significado se revele, progressivamente, ao longo da vida. Essa totalidade psíquica, mediada pelos sonhos, deve ser assumida para permitir uma existência humana mais completa e integrada, que alcança para além da consciência.

Em termos teológicos, devemos dizer que, ao revelar-se, Deus entra em contacto com a totalidade da realidade humana. Esta comporta o lado consciente, onde surgem as palavras, os conceitos e as mensagens escritas, compreensíveis ou passíveis de interpretação, e o lado inconsciente, com o seu rico capital simbólico, expresso pelo imaginário, pelos símbolos e pelos sonhos. Os sonhos são, sim, uma forma de revelação divina, não somente aos profetas e aos homens bíblicos, como Joel, Daniel e o nosso bom José,

---

20. Cf. o conhecido prefácio de C.G. Jung ao livro de WHITE, V. *Deus e o inconsciente*. In: JUNG, C.G. *Psicologia da religião ocidental e oriental*. Petrópolis: Vozes, 1980, p. 303-313 [OC, 115].

mas também a nós, em nossos sonhos cotidianos e grandes sonhos. Um dos teólogos que melhor integrou a linguagem dos sonhos na elaboração teológica foi John Sanford, que escreveu todo um programa: *Dreams: God's Forgotten Language* [Sonhos: a linguagem esquecida de Deus][21]. Deus se comunicou a São José pela linguagem do profundo. Talvez essa forma seja a mais adequada a ele que, como pai, representa o arquétipo da origem, do mistério abissal do qual tudo promana. O importante é que José atendeu aos sonhos, como chamados a uma missão junto a Maria e ao Menino[22]. Assim ele se encaixa no plano divino da autocomunicação suprema de Deus assim como Ele mesmo é, enquanto Pai (José), Filho (Jesus) e Espírito (Maria).

10 O silêncio de José

Um dos pontos impressionantes é o manto de silêncio que pesa sobre São José[23]. Não sabemos praticamente nada de sua biografia. São Mateus na sua genealogia diz que seu pai era Jacó (cf. Mt 1,16). São Lucas, na genealogia que constrói remontando de Jesus até Adão, diz que é Heli (cf. Lc 3,23). Em outras palavras, não sabemos exatamente qual deles é o verdadeiro pai. Não sabemos com que idade casou com Maria. Nem com que idade faleceu. Alguns

---

21. SANFORD, J. *God's Forgotten* Language. Nova York: HarperSanFrancisco, 1988.

22. STRAMARE, T. "I sogni di S. Giuseppe". *Cahiers de Joséphologie*, 19, 1971, p. 104-122.

23. Sobre o tema do silêncio cf. SANABRIA, J.R. "Le mysterieux silence de Saint Joseph". *Cahiers II de l'Oratoire Saint-Joseph*. Montreal, dez. 2001, p. 9-22; no mesmo número, DOZE, A. "Marie révèle Joseph", p. 33-59; DOLORES, Sr. "Saint Joseph et es crises de la vie". *Cahiers 6 de l'Oratoire Saint-Joseph*. Montreal, jun. 1999, p. 51-68.

acham que logo após a ida oficial de Jesus ao Templo de Jerusalém, com a idade de 12 anos, idade da maturidade de um jovem judeu. José teria cumprido sua missão de ser "o guardião do Salvador", como o chama a Exortação apostólica sobre São José, de João Paulo II, *Redemptoris Custos*, e poderia, então, desaparecer da cena.

Mas essa razão é muito superficial e utilitarista. Faria de José mera peça de uma história da qual ele não seria parte, apenas um figurante secundário.

Apesar disso tudo, o silêncio que o cerca totalmente não deve ser fortuito. Não haveria aí um sentido secreto que caberia identificar? Essa nos parece ser a tarefa da reflexão teológica. Ela não quer simplesmente especular por pura curiosidade, mas descobrir, com a inteligência devota, sentidos que revelem os desígnios do Mistério. Diz a *Redemptoris Custos* com acerto:

> O clima de silêncio que acompanha tudo o que concerne à figura de José se estende também ao seu trabalho de carpinteiro em sua casa de Nazaré. Trata-se de um silêncio que revela de maneira especial o perfil interior desta figura. Os evangelhos falam exclusivamente do que José "fez"; mas eles permitem descobrir nestas "ações", envoltas de silêncio, um clima de profunda contemplação. José estava cotidianamente em contato com o mistério, "escondido desde séculos" que "havia estabelecido morada sob seu teto" (n. 25).

Aqui há uma razão teológica plausível. Aquele que veio do silêncio foi quem, por primeiro, escutou a Palavra. Àquele que veio da obscuridade da vida cotidiana foi dado contemplar, por primeiro, a luz que ilumina cada ser humano que vem a este mundo, Jesus (cf. Jo 1,9). Esse silêncio não é mutismo de quem não tem nada a dizer. José teria muitíssimo a dizer. Ele, sendo justo, no sentido que aclaramos acima, certamente irradiou ao seu redor mais pelo exemplo que pelas palavras. Entretanto, quando as coisas são grandes demais, simplesmente calamos.

Também não é absentismo de quem, alienado, não se dá conta do que ocorre consigo. Ele sabe de sua missão, cumpre-a fielmente e está totalmente presente quando precisa estar presente, na gravidez, no parto, na escolha do nome do bebê, na hora do batismo judeu (circuncisão), na fuga para o Egito, na definição do lugar onde morar, na introdução de Jesus na experiência espiritual de seu povo indo com ele ao Templo aos 12 anos. Aí há uma plenitude de presença que se expressa mal por palavras, porém melhor por gestos e ações.

Paul Claudel, grande escritor e homem da alta cultura francesa, se interessou muito pela figura de São José, especialmente por causa de seu silêncio. Numa carta a um amigo, de 24 de março de 1911, escreve: "O silêncio é o pai da Palavra. Aí em Nazaré há somente três pessoas, muito pobres, que simplesmente se amam. São aqueles que irão mudar o rosto da Terra"[24].

Esse amor é vivido no mais absoluto silêncio, indiferente àquilo que era considerado importante para a crônica da época, seja em Jerusalém, seja em Roma.

---

24. Paul Claudel, carta publicada em Paris, em 1934, na revista *Positions et Propositions*, vol. 2, p. 147-149.

Vemos três razões fundamentais que fazem o silêncio de José ser a atitude mais expressiva e adequada ao que ele é e significa para a história e para a comunidade cristã.

Em primeiro lugar, o silêncio de José é o silêncio de todo trabalhador. A fala do trabalhador são suas mãos e não sua boca. Quando trabalhamos, silenciamos, pois nos concentramos nas mãos e no objeto de nosso trabalho. O trabalho pertence à essência do humano. Pelo trabalho moldamos a nós mesmos, já que ninguém nasce pronto, mas deve completar a obra que a criação e o Criador começaram. Pelo trabalho plasmamos o mundo, transformando-o em paisagem humana, em cultura, garantindo nosso sustento. Pelo trabalho criamos um mundo que jamais emergiria sozinho pelas forças da evolução, por mais complexas e criativas que estas sejam. Sem o trabalho humano jamais teria surgido uma casa de madeira ou de pedra, jamais teria sido escrito o Livro Sagrado, jamais teríamos inventado um carro, um avião e um foguete que nos levou à Lua. O trabalho criou todos os valores no mundo. E foi feito no silêncio daquele que pensou. No silêncio das mãos que executaram o que se pensou.

O silêncio de José se insere no seio desta torrente de vida e de sentido representada pelo trabalho. Diz mais verdade quem afirma: "José foi um trabalhador, um artesão-carpinteiro", do que aquele que simplesmente diz: "José foi o protetor do Verbo da vida", pois ele foi protetor do Verbo da vida enquanto foi o trabalhador que, com seu trabalho, garantiu o sustento da vida da Vida encarnada em nossas vidas.

Em segundo lugar, o silêncio de José é o silêncio do Pai. O pai José representa o Pai celeste; segundo nossa compreensão, ele é a personalização do Pai eterno. O Pai, no seio da Trindade, representa o Mistério sem nome e sem palavra, o Princípio do qual tudo provém, a Fonte originária, geradora de todas as coisas. O Pai eterno é inexprimível. Sobre Ele cala-se a razão e silencia nossa boca. Ele é o silêncio de onde nascem todas as palavras. Quem fala é o Verbo. Ele é inteligência, expressão, comunicação. O silêncio do Pai se esconde dentro de cada palavra e de cada som do universo. O silêncio revela a natureza do Pai celeste. José, que é a sombra real e visível do Pai, só podia ser e viver o silêncio. Caso contrário, não seria a personificação do Pai celeste. Seu silêncio revela quem ele é: o Pai eterno presente, atuante, criando condições para que a história acontecesse assim como aconteceu. Sem José, Maria teria sido repudiada, não teria um lar, o Verbo não teria entrado numa família humana, não teria sido protegido quando nasceu em Belém e não teria sido defendido quando teve que fugir para o exílio. Todas essas ações se fazem no silêncio. O silêncio é a essência de José e a essência de quem ele representa e personifica: o Pai celeste.

Em terceiro lugar, o silêncio expressa nosso cotidiano e nossa vida interior. Grande parte de nossa vida acontece no cotidiano, no seio da família e no trabalho. Lógico, há palavras, às vezes até demais. Mas, quando queremos ouvir o outro, temos que silenciar. Quando trabalhamos, não conversamos nem discutimos. O trabalho só é bem-feito e cercado do cuidado necessário quando silenciamos e nos concentramos na obra que estamos fazendo.

Todos possuímos interioridade. Há um universo de vida, de emoções, de sonhos, de arquétipos e de visões em nosso interior. Dele nos vêm vozes e mensagens. Elas nos aconselham, nos advertem, nos inspiram. Misturada a essas vozes vem também a Voz de Deus, que nos conclama para uma vida mais sincera, mais transparente, mais aberta e mais devota. E só escutamos essa Voz e essas vozes se fizermos silêncio em nosso interior. A vida interior é a vida do silêncio eloquente e fecundo. É nesse silêncio que maduram as boas intenções, que se elaboram os sonhos que dão sentido à nossa esperança e que nascem as palavras transformadoras da realidade.

José é mestre da vida interior silenciosa. Seu silêncio testemunha outro tipo de santidade e de grandeza que não passa pela visibilidade e pela palavra. Ele é o patrono da grande maioria da humanidade que passa despercebida e anônima neste mundo, que vive no silêncio e que, não raro, é condenada a viver no silêncio iníquo, quando precisariam falar, protestar e gritar contra palavras que mentem e ações que oprimem. O silêncio de José mostra a fecundidade do não falar, mas do fazer; do não se expressar, mas do estar no lugar certo com sua presença e ação.

Esse é o José da história, receptáculo preparado para receber em sua vida a plena presença do Pai.

4

O São José da fé: os evangelhos

No capítulo anterior nos orientamos, preferentemente, por dados considerados mais ou menos históricos, referentes a Maria, a Jesus e a José. Esses dados estão embutidos dentro de concepções teológicas bem elaboradas pelos dois evangelistas que os referem, São Mateus e São Lucas. A questão não é apenas ater-se aos dados, sempre muito parcos. Mas prestar atenção à maneira como são ordenados e estruturados, criando um sentido que cada evangelista quer comunicar a seus leitores. Esse enquadramento obedece a interesses doutrinários e a determinada teologia, presente na mente dos evangelistas.

1 A teologia da infância de Jesus

Os dois relatos da infância de Jesus nos quais surge a figura de José são textos tardios[1]. Eles funcionam como

---

1. Cf. discussão detalhada das questões exegéticas ligadas à infância de Jesus em BOFF, L. *Jesus Cristo libertador*. Petrópolis: Vozes, 2004 [1. ed. 1972], todo o capítulo IX); cf. tb. alguns títulos mais importantes: LAMENTIN, R. *Les évangiles...*, op. cit.; HEISING, A. *Gott wird Mensch* – Eine Einführung in die Aussageabsicht und Darstellungsweise von Mt 1-2, Lk 1-2; 3, 28-38. Trier: [s.e.], 1967; RIEDL, J. *Die Vorgeschichte Jesu*. Stuttgart: [s.e.],1968; TRILLING, W. *Jesús y los problemas de su historicidad*. Barcelona: Herder, 1970, p. 85-97; JOHNSON, M.D. *The Purpose of the Biblical Genealogies with Special Reference to the Setting of the Genealogies of Jesus*. Cambridge: [s.e.], 1969; MERSTERS, C. "Origem dos quatro evangelhos: do Evangelho aos quatro evangelhos". In: *Deus, onde estás?* Petrópolis: Vozes, 2003, p. 125-128 [1. ed. 1971].

uma espécie de introdução aos evangelhos propriamente ditos. Querem enraizar Jesus, de alguma forma, dentro da história de Israel, da história humana e até dentro da história do universo.

Precisamos enfatizar o fato de que tudo, teologicamente, começou com a ressurreição do Crucificado[2]. A ressurreição foi o evento fundador que abriu um horizonte absolutamente surpreendente para os apóstolos. Se Jesus não tivesse ressuscitado, tudo teria morrido ali mesmo. Um profeta a mais, que incendiou o povo com esperanças de libertação, teria terminado tragicamente, como aconteceu com tantos outros que vieram antes dele.

Mas com esse Crucificado ocorreu algo absolutamente inédito: de repente, mulheres começaram a testemunhar: "Ele está vivo; Ele ressuscitou" (cf. Lc 24,34). Esse é o credo inaugural. São Paulo, na Carta aos Romanos, escrita no ano de 57-58 de nossa era, diz que Jesus foi estabelecido Messias e Filho de Deus por força da ressurreição e a partir da ressurreição (cf. Rm 1,4).

Diante do inusitado desse evento, os apóstolos e discípulos começaram cedo a se perguntar: Em que momento da vida de Jesus Deus o estabeleceu Messias e Filho de Deus?

São Marcos, que escreve seu evangelho por volta de 67-69 da nossa era, responde: a partir do batismo por João Batista; efetivamente, começa por aí seu evangelho e nada refere da infância de Jesus.

---

2. Para uma discussão detalhada sobre a importância da ressurreição para a Igreja e para a teologia cf. BOFF, L. *A ressurreição de Cristo e a nossa na morte*. Petrópolis: Vozes, 2003 [1. ed. 1973]; SCHNACKENBURG, R. "A ressurreição de Jesus Cristo como ponto histórico da fé em Cristo". *Mysterium Salutis* III/2. Petrópolis: Vozes, 1973, p. 8-15.

São Mateus, que redigiu seu evangelho por volta dos anos 80-85, responde: Jesus é o Messias esperado desde seu nascimento e imposição do nome "Jesus", por José; mais ainda, toda a história do povo de Israel, desde Abraão, caminhou em sua direção; por isso, o evangelista monta uma genealogia que começa com Abraão e termina com José, esposo da virgem Maria, da qual nasceu Jesus (cf. Mt 1,1-17).

São Lucas, que escreveu seu evangelho mais ou menos pela mesma época, dá um passo avante e responde: desde a concepção virginal ele é Messias e Filho de Deus; entretanto, não apenas a história de Israel, senão toda a história da humanidade, desde Adão, orientou-se para esse fato; por isso sua genealogia começa com Jesus e remonta até Adão. E de Adão termina em Deus (cf. Lc 3,38).

Por fim, São João, cujo evangelho foi redigido por volta do ano 100, herdando já uma complexa reflexão sobre Jesus, responde: Jesus era Filho de Deus antes da criação do mundo, porque *"ele era o Verbo"* e *"no princípio era o Verbo {...} e o Verbo era Deus {...} e o Verbo se fez carne e armou sua tenda entre nós"* (Jo 1,1.14) em Jesus.

Portanto, Jesus, Messias e Filho de Deus, não concerne apenas aos filhos de Abraão (Israel), mas também aos filhos de Adão (a humanidade) e, finalmente, ao próprio cosmos, porque *"sem ele nada se fez de tudo o que foi criado"* (Jo 1,3) e, finalmente, ao próprio Deus (cf. Jo 1,1.14).

Esse é o quadro de fundo presente nos dois relatos evangélicos da infância de Jesus nos quais entra a figura de José. Os dados básicos são comuns a ambos os evangelistas: a concepção virginal de Jesus, seu nascimento em Belém, sua inserção na linha davídica através de José, a fuga para o Egito e a volta com o estabelecimento da moradia em Nazaré. Tais dados vêm urdidos de muita teologia, dificultando, às vezes, saber o que é reflexão e o que é fato real, independente da reflexão.

A intenção que São Mateus e São Lucas tinham era esta: como fazer passar para os judeus (Mateus) e para os pagãos (Lucas) a verdade de que Jesus é o Messias esperado, a partir dos dados de que dispomos? Que provas fornecer que atestem ser ele, de fato, o Filho de Deus?

A maneira de organizar os fatos devia ser tal que pudesse produzir argumentos convincentes. Assim, por exemplo, o Messias devia ser da linhagem de Davi. Como provar isso se ele é filho da virgem Maria que, por ser mulher, nem conta para o estabelecimento da linhagem? O Messias devia nascer em Belém. Ele nasce aí, mas como mostrar que não foi um fato fortuito nem que se trata apenas de um lugar geográfico, mas de um lugar com significação teológica? Efetivamente, segundo as Escrituras, daí deveria provir o Messias.

A maneira como São Mateus argumenta é bem diferente daquela de São Lucas[3]. Vejamos essas diferenças.

a) A perspectiva de São Mateus acerca de José

São Mateus organiza o relato da infância de Jesus a partir de José. Ele escreve para judeus que se haviam convertido ao cristianismo e precisavam de um tipo de argumentação que fosse para eles convincente, baseada nas Escrituras e nos profetas. Com referência à definição da messianidade davídica de Jesus, era essencial a presença de José, pois ele,

---

3. Cf. bom resumo por GRELOT, P. "Saint Joseph". *Dictionnaire... Op cit.*, col. 1.290-1.293.

efetivamente, descendia de Davi. E só ele, como homem, poderia passar a Jesus essa origem. Após superar as dúvidas com referência à gravidez de Maria (cf. 1,19-20), José colocou o nome Jesus ao bebê recém-nascido. Com esse gesto José se fazia pai de Jesus, ligando-o assim à linha genealógica de Davi. Esse procedimento era juridicamente válido e plenamente reconhecido pela compreensão da época.

Em seguida, refere-se à ordem que José recebe por sonho, de fugir com a família para o Egito e, por fim, ao voltar, de estabelecer morada em Nazaré. Afora isso, uma cortina de silêncio cai sobre a figura de José. Ninguém mais saberá nada dele.

b) A perspectiva de São Lucas acerca de José

São Lucas escreve os mesmos relatos da infância, mas a partir de Maria. Provavelmente ele herdou as informações sobre a infância de Jesus e sobre José diretamente de Maria, pois se refere a ela duas vezes (cf. Lc 2,19.51), ou da comunidade de João, porquanto, ao pé da cruz, João, a pedido de Jesus, assumiu Maria sob seus cuidados (cf. Jo 19,25-27). São Lucas fala do noivado de Maria com José (cf. 1,27), da viagem de Nazaré a Belém para o recenseamento (cf. 2,4) e de como os pais (José e Maria) iniciam Jesus nos rituais familiares (circuncisão, apresentação no Templo e, aos 12 anos, a primeira ida oficial de Jesus ao Templo de Jerusalém).

Mesmo diferentes, ambas as teologias devem ser lidas conjuntamente, pois enriquecem nosso entendimento sobre São José.

No fundo, os evangelistas não estão *diretamente* interessados em José, pois ele não constituía problema para os ouvintes de sua pregação. O problema era apresentar a messianidade de Jesus. José entra, então, como aquele que possibilitou a linhagem davídica a Jesus. O centro, portanto, encontra-se em Jesus e não em José. Mas sem José, Jesus não seria o Cristo, vale dizer, o Messias da tradição davídica. Daí a importância inarredável de José, o que impede que seja totalmente descartado.

Respeitando a preocupação diferente de cada um dos evangelistas (não temos os problemas que eles tinham), nossa reflexão teológica procura ir além. Pretendemos dar centralidade a José e mostrar que nele se realizou algo singular: a personificação do Pai celeste. Esse Pai celeste é o Pai do Filho que nasce da virgem Maria por força do Espírito, e a quem ele impôs o nome Jesus. Esse Espírito arma sua tenda sobre Maria (cf. Lc 1,35) e assim ela fica grávida do Espírito Santo (cf. Mt 1,18). Mas é mediante a paternidade assumida por José que seu filho Jesus se insere na história judaica, humana e cósmica. Daí sua importância.

Nossa tarefa agora é considerar cada uma das teologias acerca de José, a do Evangelista Mateus e a do Evangelista Lucas, e ver em que medida ambas nos podem inspirar na nossa compreensão radical de José, a *personificação* temporal do Pai eterno.

2 A teologia de São Lucas acerca de José

São Lucas se encontra numa situação privilegiada. Convertido em Antioquia, a maior cidade do Oriente ao lado de Alexandria no Egito, vive sua fé numa comunidade ligada diretamente a Maria. Nessa metrópole ela se havia refugiado sob a guarda de São João. São Lucas herda, diretamente de Maria ou através da comunidade, os dados básicos que já conhecemos[4].

Importante também é dizer que Lucas tem como experiência-matriz, orientadora de todo o seu evangelho, também do relato da infância, além do fato da ressurreição o evento de Pentecostes. Somente ele o narra nos Atos dos Apóstolos (cf. 2,1-12). Em Pentecostes se inaugura a nova era do Espírito, derramado sobre toda a carne (cf. At 2,17), e principia o ser novo. Esse só pode ser Jesus ressuscitado. Por isso é que em seu evangelho mostra a preocupação de saber *"tudo desde o início"* (1,3), pois desde o início ele é fruto da atuação do Espírito.

Efetivamente, o ponto alto na anunciação do nascimento de Jesus (cf. 1,26-38) é a afirmação absolutamente decisiva acerca de Maria: *"O Espírito Santo virá sobre ti e o poder do Altíssimo armará sua tenda sobre ti; é por isso que o Santo que nascer de ti será chamado Filho de Deus"* (1,35).

Reparemos que Lucas usa o verbo grego *episkiásei* para aquilo que as traduções correntes trazem "te cobrirá com sua sombra". O sentido original da palavra grega é muito mais forte. O Espírito vem e *arma sua tenda*, quer dizer, mora definitivamente em Maria. Em hebraico armar a tenda e morar é *shakan*, de onde vem *shekinah*, que é categoria central na teologia do Primeiro Testamento: a tenda de Deus no Templo (cf. Ex 40,35; Ex 25,8; Nm 35,34) e no meio de seu povo. Essa tenda-shekinah expressa a presença e a morada permanente de Deus.

---

4. O estudo mais detalhado destes relatos é ainda o de LAURENTIN, R. *Les évangiles...*, op. cit., p. 13-397.

A *shekinah* é tão decisiva para a teologia judaica que mais tarde ela vai substituir o tetragrama YHWH (Javé, o nome de Deus). Em grego *shekinah* se traduz por *skené*. E armar a tenda é *episkiásein*, o mesmo verbo que São João usa para expressar a encarnação do Verbo que armou sua tenda entre nós (cf. 1,14: *skénosen*).

Em razão dessa compreensão, temos defendido, há muitos anos, uma relação hipostática entre Maria e o Espírito Santo[5]. O texto sugere uma relação única e exclusiva do Espírito com Maria. Ele, o Espírito Santo, terceira Pessoa da Santíssima Trindade, é o primeiro a ser enviado ao mundo. Ele vem e faz de Maria seu Templo (ela é a contemplada, bendita entre as mulheres: cf. Lc 1,42).

A primeira criação é atribuída ao Espírito que pairava sobre as águas primordiais (cf. Gn 1,2). Mas essa criação decaiu. A nova criação é igualmente obra do Espírito. Começa por uma mulher, Maria. Só com ela o Espírito estabelece uma relação permanente e definitiva (arma a renda sobre ela). Somente depois, com sua anuência, com seu *fiat*, vem o Verbo, segunda Pessoa da Santíssima Trindade, que começa a crescer em seu seio.

Portanto, o Espírito eleva Maria à sua altura divina. A partir dessa altura divina, o que vier dela só poderá ser também divino e Filho de Deus. Só Deus pode gerar Deus. Eis a razão pela qual Lucas, com fino sentido, diz: *"E é por isso que o Santo que vai nascer será Filho de Deus"* (1,35).

A língua hebraica não conhece o adjetivo *divino*. Em seu lugar usa a palavra *santo*. Santo é o nome específico de

---

5. Cf. discussão detalhada dessa passagem importante em BOFF, L. *O rosto materno de Deus*. Petrópolis: Vozes, 1976, todo o capítulo IX. Para detalhes exegéticos com paralelos no Primeiro Testamento, cf. LAURENTIN, R. *Les évangiles...*, op. cit., p. 69-71, 198-199; 475-476.

Deus, não uma propriedade entre outras, mas a essência mesma de Deus[6]. Então, o que nasce de Maria é "santo", como diz o texto de São Lucas. Tem a ver, pois, com a essência mesma de Deus. Mais especificamente, é o "Filho de Deus".

Se Lucas quisesse, em algum momento, colocar Maria no centro do mistério divino, então não teria escolhido um termo melhor do que este quando, explicitamente, diz que o Espírito veio sobre Maria. Com isso atingiu-se um ponto culminante e intransponível. É tão surpreendente que até hoje não foi assimilado pelas Igrejas cristãs e pela teologia oficial, reféns do masculinismo que vastamente predomina nos meios eclesiásticos. Com razão ela comparece como a personificação do Espírito Santo. E é assim que os fiéis a experimentam em sua caminhada de fé, como aliás o grande psicanalista C.G. Jung comprovou em suas investigações.

Nessa dimensão, José não entra para nada. Lucas apenas diz que ele, encontrando-a grávida, a levou para a sua casa (cf. 2,4-5). Entretanto, José é fundamental para sua tese cristológica, pois é ele que transfere a Jesus a genealogia davídica, sem a qual Jesus não seria o verdadeiro Messias.

Segundo as profecias do Primeiro Testamento, esperava-se o Messias no final da 11ª semana do mundo. Onze semanas do mundo resultam em 77 dias do mundo. São Lucas constrói a genealogia desde Adão mostrando que Jesus surge na história quando se completaram exatamente os 77 dias do mundo, tendo cada dia como um ancestral de

---

6. Cf. discussão sobre "santo" em LAURENTIN, R. *Les évangiles...,* op. cit, p. 71, especialmente a nota 25.

Jesus. Por essa razão, a genealogia de Adão até José perfaz 77 antepassados (cf. 3,23-38). A história chegou ao seu ponto ômega quando Jesus, o Messias, nasceu em Belém, como diziam as profecias antigas (cf. Mq 5,1).

Que essa enumeração é artificial e engenhosamente construída se percebe comparando-a com a de Mateus, pois divergem. Ademais, há longos espaços vazios entre uma geração e outra. Pouco importa. O que Lucas quer indicar é: tudo se ordena ao novo Adão, Jesus, desde o início da humanidade com o antigo Adão. José participa deste desígnio do Mistério emprestando sua origem davídica a Jesus e assumindo-lhe, assim, a paternidade.

Depois, o casal José-Maria sempre aparece junto, em todos os eventos narrados. Mesmo assim, Maria ganha centralidade, como no caso da profecia de Simeão, dirigida a ela: *"Este menino está destinado a ser ocasião de queda e elevação para muitos em Israel e sinal de contradição"* (2,34). Mesmo quando encontram o menino no Templo, é ela que fala em nome dos dois e se queixa junto a Jesus (cf. 2,48).

Apesar dessa invisibilidade, José é chamado por duas vezes de *"pai de Jesus"* (2,48; 3,23). José assume essa paternidade em todos os momentos da vida religiosa da família, até o início da pregação de Jesus, quando este, segundo Lucas, tinha mais ou menos trinta anos e *"segundo se pensava, era filho de José"* (3,23).

Os evangelhos nada falam de Jesus dos doze aos trinta anos, nem de sua família. Faz-se apenas uma afirmação geral: *"O menino crescia e se fortalecia, cheio de sabedoria, e a graça de Deus estava com ele"* (2,40).

Precisamos respeitar esse silêncio que, como veremos em seu devido lugar, possui relevância teológica. Entretanto, não estamos totalmente desinformados, pois a própria vida, com sua lógica cotidiana, igual ou semelhante em todas as famílias, é fonte de conhecimentos.

Os estudos minuciosos de Winicott, de Piaget e de Vygotzky acerca da psicologia infantil e da construção progressiva do desenvolvimento humano nos revelam dados preciosos, válidos também para a família de José, Maria e Jesus. Enfatizam esses autores a importância da primeira fase da relação mãe-filho como determinante para a estatura psicológica da criança. Da qualidade dessa relação dependerá a segurança, o sentido dos valores e a adesão à verdade pessoal e à determinação no projeto de vida. Tem razão a mulher anônima do povo que, impressionada com Jesus, gritou do meio da multidão: *"Feliz o ventre que te trouxe e os seios que te amamentaram"* (Lc 11,27). Aqui está o trabalho educativo de Maria, sem o qual Jesus não seria o que foi.

A relação pai-filho, numa fase posterior, é igualmente decisiva para a percepção do caminho a seguir, para tomar iniciativas, para se imbuir de coragem para enfrentar dificuldades e superá-las, para a consciência dos limites e para a experiência de Deus. Sabe-se que a imagem de Deus que fazemos lança suas raízes na imagem que temos de nossos pais.

Se Jesus irá inaugurar uma nova forma de nomear Deus chamando-o de *Abbá* ("meu querido Paizinho"), isso se deve a uma relação de extremo enternecimento vivida com seu pai José[7].

---

7. Uma discussão minuciosa de *Abbá* se encontra em BOFF, L. *O Pai-nosso – A oração da libertação integral*. Petrópolis: Vozes, 2003 [1. ed. 1986], com a bibliografia aí citada.

Podemos imaginar a família judaica, cheia de unção e piedade, às voltas com o trabalho cotidiano, mas filtrando as experiências e perpassando as conversas com temas e referências religiosas. Os relatos revelam uma família absolutamente integrada na tradição espiritual do povo. Jesus herda essa espiritualidade e constitui a base empírica de sua pregação.

A relação feliz pai-filho (o Édipo bem-integrado) se mostra também pelo fato de Jesus ter assumido a profissão do pai José, fazendo-se ele também artesão. Isso supõe todo um processo de iniciação, de aprendizado, de troca de opiniões e de trabalho em conjunto. No jogo dessas relações Jesus cresceu em experiência, abertura ao mundo, sabedoria, idade e graça.

Num momento, porém, ergue-se o véu da consciência desse menino "misterioso". No episódio do Templo (cf. Lc 2,41-52) há uma espécie de tensão entre o pai terrestre e o Pai celeste: *"Não sabíeis que eu devia estar na casa do meu Pai?"* (2,49). O Templo é a casa de seu Pai (cf. Jo 2,16) e Jesus deixa entrever que seus pais (Maria e José) poderiam ter adivinhado isso. Maria despertou para essa realidade, pois o evangelista comenta: *"Sua mãe conservava a lembrança de tudo isso no seu coração"* (2,51b). Tais fatos eram motivo de meditação para Maria e José. Era seu filho querido, mas, ao mesmo tempo, Filho do Pai celeste.

3 A teologia de São Mateus acerca de José

Se, para Lucas, Maria ocupa o centro de todo o relato da infância, para Mateus o lugar central é ocupado por José. Não porque ele veja a José como a personificação do

Pai celeste. Tão longe não vai o evangelista. Mas por razões de sua própria teologia e pela preocupação que tem de provar aos seus conterrâneos judeus que Jesus é o filho de Davi, o Messias esperado e o novo e definitivo Moisés. Essa prova somente é possível de ser construída se entrar a figura de José. Caso contrário, tudo fica suspenso no ar[8].

Por isso a anunciação do nascimento de Jesus é feita pelo anjo a José, e em sonho (cf. 1,20), e não a Maria. Estamos acostumados à representação, feita pelos artistas de todos os séculos, da anunciação feita a Maria pelo Anjo Gabriel, conforme é narrada por São Lucas (cf. 1,26-38). Serão raríssimas as representações da anunciação também feita pelo anjo a José. Ela é tão importante quanto aquela de Maria. Mas, como é feita em sonho, é mais difícil de ser representada plasticamente, o que concorreu para a marginalização da figura de São José.

Como entra José na visão teológica de São Mateus?

São Mateus dá por pressuposto e fora de discussão[9] o fato de que Maria ficou grávida do Espírito Santo (cf. 1,18), pressuposição também presente no Evangelho de São Lucas (cf. 1,35). A preocupação de ambos os evangelistas não era enfatizar o caráter virginal, mas o caráter *divino* da concepção de Jesus. Para eles a concepção foi virginal para poder

---

8. Cf. a principal bibliografia sobre o tema: STRAMARE, T. *San Giuseppe nella S. Scrittura, nella teologia e nel culto.* Roma, 1983; idem. *Figlio di Giuseppe da Nazaret, problemi dell'infanzia di Gesü.* Rovigo, 1972; idem. "L'annunciazione a Giuseppe in Mt 1,18-25: analisi letteraria e significato teológico". *Cahiers de Joséphologie*, 39, 1991, p. 55-76; BROWN, R. "L'annonce à Joseph (Mt 1,18-25)". *La figure de Joseph à l'orée du troisième millénaire.* Montreal: [s.e.], 1999, p. 9-20, no mesmo livro, ROCHAIS, G. "La figure de Joseph dans les récits de l'enfance scion saint Matthieu", p. 21-37.

9. Cf. LAURENTIN, R. *Les évangiles...*, op. cit., p. 470-505.

ser divina e não divina para ser virginal. Por isso os textos evangélicos preferem falar de Maria como Mãe de Jesus (cf. Jo 2,1.3.12; 19,25-26; At 1,14) e não simplesmente falar de virgem, coisa que ocorre apenas duas vezes (cf. Lc 1,27; Mt 1,23).

José entra como peça fundamental na argumentação de São Mateus. Ele quer provar que Jesus é filho de Davi. Se não tiver a ascendência davídica, não é Messias (cf. Mt 22,42ss.). Quem lhe assegura a linhagem davídica é José. Como bem disse um especialista contemporâneo: "Na sociedade de então, sem José Jesus corria o risco de não ser verdadeiramente homem. Maria lhe dá o ser biológico, mas é José, ao lhe impor o nome, que lhe confere um ser social: ele faz com que Jesus tenha raízes num povo, numa linhagem, numa tradição e numa profissão socialmente aceita"[10].

Mateus se vale de um recurso teológico válido para a época a fim de formular essa prova[11]. Toma o nome *David* e faz uma especulação sobre os números, fato comum na tradição judaica, acentuado mais tarde entre os rabinos que comentavam o Talmud. Substituindo-se as consoantes do nome DaViD (as vogais não contam em hebraico) resulta o número 14 (D=4 + V=6 + D=4: 14). Efetivamente, Mateus constrói a genealogia de Jesus de tal forma que resultam, como ele expressamente o diz (cf. 1,17), três vezes 14 gerações. O número 14 é o duplo de sete, número que para a Bíblia simboliza a plenitude do plano de Deus ou a totalidade da história.

---

10. PERROT, C. *Les récits de l'enfance de Jesus*. Paris: Cerf, 1976, p. 26.

11. Cf. resumo desta posição em BOFF, L. *Jesus Cristo...*, op. cit., p. 179-180.

As 14 gerações de Abraão até Davi mostram o primeiro ponto alto da história de Israel; as 14 gerações de Davi até a deportação para a Babilônia revelam o ponto mais baixo da história do povo; e as 14 gerações do cativeiro babilônico até Cristo demonstram o definitivo ponto alto da história, intransponível, porque aí irrompeu o Messias.

Já consideramos anteriormente a superação do impasse que Mateus encontrou na genealogia, pois, ao dizer "Jacó gerou José", se esperaria que dissesse "José gerou Jesus". Mas não. Ele interrompe a lista e afirma: "Jacó gerou José, esposo de Maria, *da qual* nasceu Jesus, chamado o Messias" (cf. 1,16).

Para resolver esse problema, o evangelista narra o nascimento de Jesus onde o centro é ocupado por José, que impõe o nome Jesus ao Menino. Com isso José se torna juridicamente pai de Jesus e assim o insere em sua genealogia davídica. Jesus, através de José, é filho de Davi e, sendo filho de Davi, também é o verdadeiro Messias. Dessa forma se cumpre a profecia de Isaías (cf. 7,14), segundo a qual o Messias nasceria de uma *almah* (virgem ou jovem mulher). O plano de Deus se realiza, pois, de forma plena e acabada.

Coincidentemente, José e Maria passam a viver juntos no momento em que José descobre a gravidez de Maria. O fato de ele pensar em romper o matrimônio (cf. Mt 1,19-20) revela a consciência de que essa gravidez não provinha dele[12]. Mas quer fazê-lo sem expô-la à vergonha pública, pois implicava um processo de adultério culposo (cf. Dt 22,20-21) ou inocente (por exemplo, por violência ou es-

---

12. Cf. STRAMARE, T. Vangelo *dei Misteri...*, op. cit., p. 64-65.

tupro: cf. Dt 22,25-27). É aqui que Mateus faz o maior elogio a José, dizendo que era *"um homem justo"* (1,19), portanto virtuoso, que fazia tudo à luz de Deus.

Ao ser informado pelo anjo de que *"o que nela foi gerado é do Espírito Santo"* (1,20) tranquilizou-se e *"a aceitou como sua mulher"* (1,24). José se abre ao desígnio de Deus e assume todas as tarefas de um pai, como se narra no evangelho.

É fundamental, segundo São Mateus, que José entre no desígnio de Deus como esposo e pai. Por um lado, salva a reputação de Maria e, por outro, assegura a Jesus sua identidade davídica.

O trabalho teológico de Mateus se estende para além da messianidade de Jesus. Semelhante a Lucas, que traça um paralelo entre João Batista e Jesus, assim também Mateus constrói um paralelo entre Moisés e Jesus[13]. Era crença, na época em que os evangelhos foram escritos (depois dos anos 60 da nossa era), que o Messias davídico nos últimos tempos comparecesse também como o novo Moisés. Até se dizia: "Como o primeiro libertador Moisés assim também o último, o Messias".

Efetivamente, Mateus em seu evangelho apresenta Jesus como o novo Moisés que, à semelhança do antigo Moisés, deu uma nova lei, o Sermão da Montanha (cf. Mt 5–7). O *midraxe* judaico de Moisés (midraxe é ampliação de fatos para ressaltar melhor seu sentido) conta os seguintes fatos que permitem a Mateus estabelecer um paralelo com Jesus: o faraó é notificado do nascimento de Moisés atra-

---

13. Cf. BOFF, L. Jesus *Cristo...*, op. cit., p. 179-180, com a bibliografia específica; HEISING, A. *Gott wird...*, op. cit., de onde tiramos os textos do paralelismo Moisés-Jesus; RIEDL. *Die Vorgeschichte...*, op. cit.

vés de magos; de forma semelhante Herodes sabe através deles o nascimento de Jesus, o definitivo Moisés; o faraó e todo o povo do Egito ficam estarrecidos; Herodes e toda Jerusalém ficam também estarrecidos (cf. Mt 2,3); tanto o faraó quanto Herodes determinam a matança de crianças inocentes; como Moisés, Jesus também escapa do morticínio; o pai de Moisés sabe, através de um sonho, que seu filho será o futuro libertador de seu povo; José, de forma semelhante, por sonho, sabe que Jesus *"salvará o povo de seus pecados"* (1,21).

O paralelismo salta aos olhos, completado ainda pelo texto de Ex 4,19-23, que diz: *"Depois da morte do faraó, disse Deus a Moisés: 'Volta para o Egito, pois morreram os que tramavam contra a tua vida'"*. Moisés toma sua esposa e seu filho e regressa. Mt 2,2.19-21 repete a mesma coisa: após a morte de Herodes, Deus fala através de um sonho a José: *"Levanta-te, toma o menino e sua mãe e volta para a terra de Israel, pois morreram os que haviam tramado contra a vida do menino"*. José regressa e se fixa em Nazaré.

O destino do novo Moisés repete o destino do primeiro Moisés. Assim como se deu com o primeiro, dar-se-á também com o último, o definitivo.

Os fatos ocorridos com Jesus sob Herodes provocaram Mateus a estabelecer esse paralelismo e a ver nele o desígnio de Deus: Jesus é o Messias verdadeiro, o Libertador definitivo de seu povo, o Emanuel, Deus-conosco.

Constatamos que a teologia de Mateus soube explorar maximamente a figura de José, a serviço de seu propósito de garantir o caráter messiânico de Jesus, inseri-lo na família humana e na sociedade, impondo-lhe um nome. A encarnação de Deus implica esse tipo de concreção, pois, caso contrário, seria uma versão a mais do mito religioso transcultural da encarnação das divindades.

4 Elementos comuns nas duas teologias

Os dois teólogos, Mateus e Lucas, não obstante as diferenças de elaboração, compartilham elementos fundamentais comuns.

Maria ficou grávida do Espírito Santo (cf. Mt 1,18-20; Lc 1,35) antes de levar vida em comum com José ou no momento em que decidem viver juntos.

Ambos afirmam a anunciação pelo anjo, o nascimento e o nome de Jesus e sua missão de ser o filho de Davi e, assim, o Messias (cf. Mt 1,18-19; Lc 1,26-27.32; cf. Rm 1,3: Jesus, da linhagem de Davi segundo a carne).

Para os dois evangelistas Maria é esposa de José (cf. Mt 1,20.24; Lc 2,5) e José é esposo de Maria (Mt 1,16; Lc 2,48).

Lucas e Mateus testemunham o fato de que Maria deu à luz no tempo de Herodes (cf. Mt 2,1; Lc 1,5) em Belém (cf. Mt 2,5-8; Lc 2,4-5.11).

Para ambos, Jesus é filho de José (cf. Lc 3,23; 4,22; Mt 1,21; Jo 1,45; 6,42). José é filho de Davi (cf. Mt 1,16.18.20; Lc 1,27; 2,4) e transmite ao menino, mediante a imposição do nome Jesus (cf. Mt 1,21), a linhagem davídica.

Os dois evangelistas contam que a família se instala em Nazaré (cf. Mt 2,23; Lc 2,39.51; 4,16), lugar insignificante e pobre, onde os três convivem entre si, com os parentes, no trabalho e na oração.

Vários temas teológicos são também comuns, como, por exemplo, que Jesus é filho de Abraão, filho de Davi por seu pai José (cf. Mt 1,18-19; Lc 2,5), que ele é o Messias-Cristo anunciado pelas Escrituras. Ambos apontam para a divindade de Jesus, porque engendrado pelo Espírito Santo. Enfatizam o tema da universalidade, presente já no nascimento de Jesus (cf. Mt 2,1-2; Lc 2,31-32). Ambos recorrem às genealogias para enraizar Jesus na história de Israel (desde Abraão), da humanidade (desde Adão) e de Deus (cf. Lc 3,37).

Tais profissões de fé estão na base também de nossa profissão de fé. Logicamente, nossa forma de argumentar não é a mesma, pois não temos as mesmas referências culturais[14]. Mas também para nós, dentro de nossa cosmovisão evolutiva, vemos o universo ascendendo, criando complexidades, aumentando a consciência e se abrindo mais e mais ao Transcendente. Descobrimo-nos um projeto infinito, capazes de interação com o supremo Mistério. Vemos em Jesus uma culminância na medida em que nele desperta a clara consciência de uma ligação íntima com Deus, experimentado como *Abbá* ("Paizinho querido"). Quem experimenta a Deus como Paizinho sente-se seu Filho querido.

Numa perspectiva de fé, toda abertura e toda consciência do universo caminham para esta irrupção: decifrar

---

14. Para uma atualização da cristologia contemporânea, cf. BOFF, L. "Como vamos chamar Jesus Cristo hoje?" *Jesus Cristo...*, op. cit., p. 245-267; idem. "Rache a lenha, eu estou dentro dela: o Cristo cósmico". *Ecologia*: grito da Terra, grito dos pobres. Rio de Janeiro: Sextante, 2004, todo o capítulo IX; GOLDSTEIN, H. *Brasilianische Christologie...*, op. cit.; MOLTMANN, J. *O caminho de Jesus*. Petrópolis: Vozes, 1993; SOBRINO, J. *Cristologia a partir da América Latina*. Petrópolis: Vozes, 1983; SEGUNDO, J.L. *A história perdida e recuperada de Jesus de Nazaré*. São Paulo: Paulus, 1997; FERRARO, B. *Cristologia*. Petrópolis: Vozes, 2004.

o Deus presente, o Emanuel, que mora dentro de nós e habita o cosmos, nomeá-lo e venerá-lo. Jesus é o primeiro entre muitos irmãos e irmãs (cf. Rm 8,29) que alcançaram este estado novo de consciência e nos abriu a possibilidade de suscitá-lo em nós e assim nos permitir dizer também *"Abbá, Pai"* (Rm 8,15).

José participa da revelação completa de Deus. Está próximo de Jesus, é íntimo de Maria e se encontra ligado diretamente ao Pai celeste, pelo fato de ser ele também pai. Estão dadas as condições para uma possível personificação do Pai celeste no pai terrestre.

5
O São José do imaginário: os apócrifos

As figuras mais importantes para nós e para a nossa história nem sempre o foram para a história do tempo em que elas viveram. Jesus indiscutivelmente ocupa um lugar central na história da humanidade, do Ocidente e das Igrejas cristãs. Mas para o seu tempo ele não teve quase nenhuma importância, pois passou praticamente despercebido. Afora os textos cristãos, apenas algumas fontes se referem *en passant* a ele. Flávio Josefo (nascido em 37 d.C.), em suas *Antiguidades judaicas*, de 22 volumes, faz apenas duas referências a Jesus: uma mencionando o martírio de Tiago, "um irmão desse Jesus a quem chamam de Cristo", e uma outra que fala de milagres e da ressurreição, considerada pelos estudiosos uma interpolação posterior sob influência cristã.

Três historiadores romanos fazem pequenas referências a Cristo. Suetônio († 70 d.C.), em A *vida dos Césares*, refere-se de passagem a Cristo; Plínio, o moço († 114 d.C.), na *Epístola a Trajano*, fala de hinos cantados a Cristo como a um deus; Tácito († 118 d.C.), relatando o incêndio de Roma sob Nero, diz que este fora atribuído aos *christiani*, seguidores de um tal Jesus. E é tudo.

Concernente a São José, estamos ainda menos informados. Se dependêssemos de fontes históricas do tempo, nem saberíamos de sua existência. Apenas os evangelhos falam

107

dele, e os assim chamados apócrifos, que o pintam com detalhes pitorescos[1].

1 Os apócrifos: a imaginação da fé

Apócrifos (em grego, textos escondidos e secretos, por circularem privadamente e por não serem usados publicamente) são livros, muitos deles chamados de evangelhos, como o evangelho de Pedro, o evangelho copta de Tomé, o evangelho dos Hebreus, o evangelho dos Doze, o evangelho de Maria de Magdala e outros. Foram redigidos, em sua maioria, no segundo e no terceiro século de nossa era[2]. Mas não foram reconhecidos oficialmente como evangelhos pela Igreja dos primórdios. A razão reside no fato de não preencherem os critérios mínimos de ortodoxia que se haviam desenvolvido na reflexão das primeiras comunidades, dentro das quais se encontravam os evangelistas Marcos, Mateus, Lucas e João.

Se os evangelhos são fruto da inteligência da fé (possuem reflexão séria e verdadeiras teologias subjacentes aos textos), os apócrifos são produções do imaginário e da crença popular. Eles satisfazem a legítima curiosidade dos fiéis e preenchem o vazio de informações dos evangelhos, especialmente com referência aos anos de vida oculta da família de Nazaré.

Mais ainda, muitos deles representam a forma popular de defender a fé cristã atacada por hereges. Assim,

---

1. Há muitas edições dos apócrifos, como a de ERBETTA, M. *Gli apocrifi del Nuovo Testamento*. Torino: [s.e.], 1975, e a de OTERO, A.S. *Los evangelios apócrifos*. Madri: BAC 148, 1948; nós seguiremos a coleção de apócrifos publicada pela Vozes, Petrópolis, a partir de 1990.

2. Boa introdução para toda essa temática se encontra em RAMOS, L. *Fragmentos dos evangelhos apócrifos*. Petrópolis: Vozes, 1990, p. 9-21.

por exemplo, quando se começou a discutir se Jesus era Deus, mesmo, ou apenas um profeta ou um milagreiro, escreveram-se os evangelhos apócrifos da infância de Jesus. Neles se apresentam fatos curiosos, que mostram Jesus com poderes divinos desde os primeiros momentos de sua vida e de sua infância, como se relata no evangelho do pseudo-Tomé[3].

Demos uma demonstração: ao fazer passarinhos de barro junto com coleguinhas, os de Jesus se enchiam de vida e saíam voando. Ou: um menino correndo esbarrou com Jesus e caiu repentinamente morto ao chão. Outro, brincando num terraço com Jesus, caiu e morreu, e Jesus o ressuscitou. Um filho de José, Tiago, foi picado por uma serpente e estava por morrer. Jesus soprou sobre a ferida e o curou, enquanto o réptil se arrebentava todo.

Tais narrações fantasiosas visavam rebater os que negavam a divindade de Jesus. Eles pretendiam apresentar as provas factuais de sua natureza divina, confessando: "Esse menino ou é um Deus, ou um anjo de Deus, pois tudo o que sai de sua boca se realiza imediatamente"[4].

Quando corria entre os judeus o boato de que Jesus seria filho ilegítimo de Maria, de uma relação com um soldado romano chamado Panthera, então o evangelho apócrifo de Filipe e as Atas de Pilatos saem em defesa de Maria e enfatizam o fato de Jesus ser filho legítimo e biológico de José. Ou, para defenderem a virgindade de Maria, afirmam

---

3. Cf. *Evangelho do pseudo-Tomé...*, op. cit., p. 67-68.

4. Ibid., XVII, 2.

que José era um bom velhinho e já impotente, incapaz de uma relação marital-sexual com Maria[5].

Houve épocas em que não se dava nenhum valor aos apócrifos, pois pareciam demasiadamente mirabolantes. Mas, apesar disso, inspiraram grande parte das produções artísticas das Igrejas, dos santinhos distribuídos às crianças ou dos livros ilustrados, das pinturas e mosaicos, especialmente dos grandes mestres da Renascença, até os tempos modernos. Os Santos Padres, em seus comentários bíblicos e em pregações edificantes, utilizavam as informações dos apócrifos. Dessa forma tais textos influenciaram a piedade popular, dando colorido às verdades da fé, geralmente vazadas em linguagem teológica e, por vezes, muito cerebral.

Quando cremos, cremos com a totalidade de nosso ser, com a inteligência, com a emoção e também com a fantasia. Os apócrifos representam a evangelização pelo caminho da fantasia, que também possui seu valor e sua dignidade, pois é uma das expressões do humano.

Hoje, os estudiosos olham os apócrifos com certa simpatia. Utilizando modernos métodos de interpretação, que incorporam dados da antropologia, da psicologia profunda e da lógica do imaginário, tornam tais materiais fecundos para certa reconstrução histórica de fatos e de situações do tempo de Jesus.

---

5. Cf. RAMOS, L. A história de José o carpinteiro. In: *José e o Menino Jesus*. Petrópolis: Vozes, 1990; *O evangelho de Maria*; Miriam de Mágdala, com tradução e excelentes comentários de J.-Y. Leloup. Petrópolis: Vozes, 2004; quanto à influência negativa dos apócrifos, cf. CARRASCO, J.A. "Influencia negativa de los apócrifos en la josefología". *Estudios Josefinos*, 47, 1993, p. 29-45.

2 Os apócrifos de São José

Como fizemos com os evangelhos, vamos tratar dos sete apócrifos que se referem a São José.

a) O protoevangelho de Tiago

Este apócrifo é também conhecido como *A história do nascimento de Maria*. É um dos mais antigos que possuímos, datado pelo final do século II d.c. É atribuído a Tiago e, por isso, chamado também de *Protoevangelho de Tiago*[6]. Muito divulgado na Igreja Oriental, começou a circular na Igreja Ocidental apenas a partir do século XVI, quando o humanista Guilherme Postei († 1581) o trouxe de Constantinopla para o Ocidente.

Esse evangelho está centrado todo em Maria. Sua concepção é fruto das preces de Joaquim e Ana, seus pais, que eram estéreis. Aos três anos é internada no Templo, "vivendo como uma pomba (símbolo de pureza), recebendo seu alimento das mãos de um anjo"[7]. Aos 12 anos, idade adulta para a mulher judia, o sumo sacerdote Zacarias convoca os viúvos da Judeia. Mediante um sinal do céu, um deles deverá ser seu futuro esposo. Cada um deveria trazer uma vara. Só na vara de José apareceu um sinal: dela saiu uma pomba e pousou sobre sua cabeça[8]. José recebe Maria em sua casa. Mas imediatamente se ausenta, em função de seu trabalho. Ao regressar, depois de seis meses, encontra

---

6. *Protoevangelho de Tiago*. In: RAMOS, L. (org.). *A história do nascimento de Maria*. Petrópolis: Vozes, 1991.

7. *Protoevangelho...*, op. cit., VIII, 1.

8. Ibid., IX, 1.

Maria grávida. José enfrenta grave crise pessoal, bem detalhada pelo relato.

Primeiramente recrimina a si mesmo, porque a recebeu virgem e não soube guardá-la. Quem a seduziu? Recrimina a Maria: "Por que aviltaste tua alma, tu que cresceste no Santo dos Santos, no Templo?"[9] Ao que Maria responde: "Eu sou pura e não perdi a virgindade [...] Tão certo como vive o Senhor meu Deus, não sei como me aconteceu isto"[10].

Surge um impasse para José: se ocultar a falta dela, será cúmplice de pecado contra a Lei de Deus; se a denunciar publicamente, como era praxe, pode incorrer em erro e injustiça, pois o que aconteceu com ela parece algo misterioso e pode provir de Deus. Para escapar desse dilema opta por repudiá-la ocultamente.

Nisso entra em ação um anjo que lhe aparece em sonho, garantindo: "Não temas por esta jovem, pois o que traz em seu seio é fruto do Espírito Santo. Dará à luz um filho e tu lhe porás o nome de Jesus, porque ele salvará seu povo de seus pecados"[11].

Mesmo assim, Maria e José não ficaram livres de problemas. Correu o boato de que José furtivamente consumara o casamento e tirara a virgindade de Maria. Levados diante do tribunal, ambos reafirmam sua inocência. Mas são submetidos a uma prova, chamada "a água da prova

---

9. Ibid., XIII, 2.

10. Ibid., XIII, 2.

11. Ibid., XIV, 2.

do Senhor"[12]. Cada um, separado do outro, é enviado ao deserto. Tempos depois, ambos voltam em perfeita saúde. O sumo sacerdote então lhes assegura: "Se o Senhor Deus não fez aparecer a vossa falha, tampouco posso eu condenar-vos"[13]. Maria e José retornam a casa, transbordantes de alegria.

Depois, surge um novo impasse, por ocasião do recenseamento. Deve apresentá-la como sua mulher ou como sua filha? Se como mulher, ressuscita o problema da gravidez. Se filha, configura uma inverdade. Mas entrega a questão a Deus.

Na viagem a Belém, Maria entra em trabalho de parto. José procura uma gruta, para resguardar o pudor de Maria, e sai à procura de uma parteira, enquanto seus filhos cuidam dela. À parteira José diz que Maria foi recebida como sua mulher, embora não seja sua mulher de verdade porque ela concebeu do Espírito Santo[14].

E então, para emprestar importância ao nascimento de Jesus, ocorre uma comoção cósmica. José, em primeira pessoa, testemunha com um texto dos mais belos de toda a antiguidade cristã, em parte assumido pela liturgia de Natal da Igreja Católica. Transcrevemos apenas uma parte:

> Eu, José, comecei a andar e não andava. Olhei para o ar e vi que estava parado de assombro e que os pássaros do céu não se moviam [...] os

---

12. A expressão *água da prova do Senhor* consiste numa prova a que, segundo a lei mosaica, as mulheres suspeitas de adultério eram submetidas (cf. Nm 5,11-13). Deviam tomar muita água e, caso fossem culpadas, seu ventre ficaria inchado e os quadris se encolheriam, sinal de esterilidade.

13. Ibid., XVI, I.

14. Ibid., XIX, I.

trabalhadores que pareciam mastigar não mastigavam e os que levavam comida à boca não o levavam [...] vi carneiros que eram conduzidos e permaneciam imóveis. O pastor que erguia a mão para tangê-los e a mão ficou parada no ar [...] os cabritinhos tocavam a água, mas não bebiam. Por um momento tudo se suspendeu. Mas depois que o Menino nasceu, subitamente as coisas voltaram ao seu curso normal[15].

Por fim o protoevangelho de Tiago interrompe o relato referente a José. Apenas diz que, uma vez nascido o Menino, dispôs-se partir para a Judeia e para Jerusalém. A vinda dos reis magos e a matança de inocentes por Herodes prescindem da presença de José. O acento se desloca para Maria e para sua prima Isabel, cujo filho João, o Batista, também é procurado como Jesus para ser morto.

Esse evangelho tem sua importância por mostrar a singularidade da relação de José com Maria, ele viúvo e ela virgem. Mesmo grávida pelo Espírito Santo, preservou sua virgindade.

b) José no evangelho do pseudo-Tomé

Este evangelho apócrifo, dividido em 19 capítulos, provém do final do século II, provavelmente de um cristão helenista, pouco versado em língua e literatura judaicas, ficticiamente atribuído a Tomé[16]. Narra travessuras de Jesus, algumas de tão mau gosto que chegam a nos escandalizar.

Numa perspectiva dogmática que professa Jesus como Filho de Deus parecem francamente ridículas, pois apre-

---

15. Ibid., XVIII, 2-3.

16. *Evangelho do pseudo-Tomé*, op. cit., p. 67-85.

sentam um Jesus cruel, arrogante e atrevido com seu pai José e com outras pessoas, até com os mestres, um verdadeiro *bad boy.* Mas esse apócrifo segue a crença de que Jesus tem poderes divinos e que tudo lhe está submetido: Ele mata e ressuscita, pune e dá o perdão. Acima referimos alguns desses episódios do menino aos seis, oito e 12 anos. E não é necessário repeti-los aqui.

A nós interessa apenas a figura de José que aparece nesse texto antigo. Ele é sempre apresentado como pai de Jesus. Jesus mesmo o chama várias vezes de pai. José se comporta como pai de verdade, preocupado com o futuro do filho. Leva-o à escola[17] e reiteradamente procura um mestre, para que não permanecesse analfabeto[18]. Mas em contato com os mestres surpreende pela sabedoria e também pela arrogância, a ponto de chamar a um deles de hipócrita[19] e de humilhá-lo ao dizer: "Na verdade, te digo, ó mestre: eu existia quando nasceste e existia antes que tu nascesses"[20]. Tais manifestações fizeram com que José se irritasse por causa do menino[21]. Outra vez, José, como bom pai, "o agarrou pela orelha e a torceu com força"[22], o que provocou uma reação irada de Jesus: "A ti basta me ver e não me tocar. Não sabes quem eu sou; se soubesses, não me deixarias ficar triste; ainda que esteja agora contigo, fui

---

17. Ibid.,VI, 2.

18. Ibid., XIV, 1.

19. Ibid., VI, 3.

20. Ibid., VI, 2.

21. Ibid., VI, 2.

22. Ibid., V, 2.

feito antes de ti"[23]. Mas José não deixa de cumprir a sua missão de pai e o repreende. Chegou a dizer a Maria, sua mãe, "que não o deixasse sair de casa, porque caíam mortos todos os que o contrariavam"[24]. Por outro lado, cheio de enternecimento "o beija e abraça, dizendo: 'Feliz de mim porque Deus me deu este menino'"[25].

Jesus está junto de José em seu trabalho de carpinteiro, ajudando-o a fazer uma cama para uma pessoa rica. Como um dos varais era mais curto, Jesus faz um milagre, alongando-o do tamanho do outro[26]. Outra vez, ajuda-o na semeadura de trigo no campo. Mas o que ele semeou deu muito mais fruto. Jesus e José distribuíram depois, entre os pobres, os frutos dessa colheita miraculosa[27].

O evangelho termina com Jesus aos 12 anos, em Jerusalém, entre os doutores, ensinando-os, nos mesmos termos como vem narrado no Evangelho de São Lucas (cf. 2,41-50). No final se diz, contrariamente ao que contou antes, que "Jesus era obediente a seus pais" e que "ia crescendo em idade, sabedoria e graça"[28]. Na verdade, o pai José se mostrou impotente face às travessuras e marotices que o menino aprontava por onde aparecesse. Mas nunca renunciou à sua missão educadora de pai, tentando fazer valer sua autoridade, impondo-lhe limites.

---

23. Ibid., V, 3; usamos aqui a variante do código Vaticano, por ser mais clara.

24. Ibid., XIII, 3.

25. Ibid., XIII, 2.

26. Ibid., XIII, 1-2.

27. Ibid., XII.

28. Ibid., XIX, 4.

c) A história de José, o carpinteiro

Este apócrifo é o mais rico em informações sobre a relação de José com Jesus. Foi provavelmente escrito no Egito, no século IV ou V, em língua copta, depois traduzido para o árabe. Na verdade, trata-se de uma longa narrativa de Jesus sobre seu pai José, feita aos apóstolos no Monte das Oliveiras[29]. Jesus inicia assim: "Agora escutai; vou narrar-vos a vida de meu pai José, o bendito ancião carpinteiro"[30]. Só essa introdução revela o caráter inventado da fala de Jesus. E, então, Jesus conta que José era um carpinteiro de Belém, viúvo, com seis filhos: quatro homens (Tiago, José, Simão e Judas) e duas mulheres (Lísia e Lídia). "Esse José é meu pai segundo a carne, com quem se uniu, como consorte, minha mãe Maria[31]." Narra a perturbação de José ao encontrar Maria grávida, pensando em abandoná-la secretamente, e a visão do anjo explicando-lhe que a criança concebida era fruto do Espírito Santo. Narra outrossim o nascimento de Jesus em Belém, a fuga para o Egito e a volta à Galileia, cenas que conhecemos dos evangelhos de Mateus e de Lucas. Termina dizendo: "Meu pai José, o ancião bendito, continuou exercendo a profissão de carpinteiro e assim, com o trabalho de suas mãos, pudemos manter-nos. Jamais se poderá dizer que comeu seu pão sem trabalhar"[32].

---

29. *A história de José o carpinteiro*, em *São José e o Menino Jesus*, com tradução e bons comentários de RAMOS, L. Petrópolis: Vozes, 1990; cf. tb. a recente edição e tradução de SALA, M. "Juan Pedro, Historia de José, el carpintero". *Apócrifos árabes cristianos*. Madri: Trotta, 2003, p. 129-151.

30. Ibid., I, 9.

31. Ibid., II, 6.

32. Ibid., IX, 2.

Referindo-se a si mesmo, Jesus, contrariamente ao evangelho apócrifo do pseudo-Tomé, diz:

> Eu de minha parte, desde que minha mãe me trouxe a este mundo, estive sempre submisso a ela, como um menino. Procedi dentro do que é natural entre os homens, exceto no pecado. Chamava a Maria de "minha mãe" e a José de "meu pai". Obedecia-lhes em tudo o que me ordenavam sem me permitir jamais replicar-lhes uma palavra. Pelo contrário, dedicava-lhes sempre grande carinho[33].

Continuando a narrativa aos apóstolos, Jesus conta que José casou pela primeira vez quando tinha quarenta anos. Permaneceu casado por 49 anos, até a morte da esposa. Tinha portanto 89 anos. Ficou viúvo um ano. Depois dos esponsais com Maria até o nascimento de Jesus ter-se-iam passado três anos. José teria, pois, 93 anos. Ficou com Maria por 18 anos. Somando tudo, teria morrido com 111 anos[34].

Depois, com detalhes, narra a morte de seu pai José. O apócrifo, na verdade, fala mais de sua morte que de sua vida. Jesus conta que chegou a um ponto em que seu pai "perdeu a vontade de comer e de beber; sentiu vacilar a habilidade no desempenho de seu ofício"[35]. Ao acercar-se a morte, José se lamenta profundamente, proferindo 11 "ais" no estilo de Jó, expressando contrição pelos eventuais pecados que pudesse ter cometido. É o momento em que Jesus entra no aposento e se revela grande consolador. Diz: "Salve, José, meu querido pai, ancião bondoso e bendito".

---

33. Ibid., XI, 2-3.

34. Ibid., XIV, 4-5; X e XV, 1.

35. Ibid., XV, 4.

Ao que José responde: "Salve, mil vezes, querido filho. Ao ouvir tua voz, minha alma recobrou a sua tranquilidade"[36].

Em seguida, José faz uma longa fala, recordando passos de sua vida com Maria e com Jesus, até recorda o fato de José "ter-lhe puxado a orelha e o admoestado: 'Sê prudente, meu filho'"[37], e da reclamação que Jesus fez a seu pai nestes termos: "Se não fosses meu pai segundo a carne, eu te faria compreender o que é que acabas de me fazer"[38]. Mas termina com uma profissão de fé que reproduz o credo da comunidade cristã do final do século II: "Tu és Jesus Cristo, verdadeiro Filho de Deus e, ao mesmo tempo, verdadeiro Filho do homem"[39].

Jesus então confidencia: "Quando meu pai pronunciou estas palavras, não pude conter as lágrimas e comecei a chorar, vendo que a morte ia se apoderando dele a cada momento e, principalmente, ouvindo as palavras cheias de dor que saíam de sua boca"[40].

Por fim, Jesus descreve os últimos momentos de José, suas dores e agonia. "Eu, meus queridos apóstolos, fiquei à sua cabeceira e minha mãe a seus pés [...] por muito tempo segurei suas mãos e seus pés. Ele me olhava, suplicando que não o abandonássemos. Pus minha mão sobre seu peito e senti sua alma que já subira à sua garganta, para deixar o corpo[41]." Em seguida Jesus descreve a proximi-

---

36. Ibid., XVII, 1 e 2.

37. Ibid., XVII, 13.

38. Ibid., XVII, 14.

39. Ibid., XVII, 17.

40. Ibid., XVIII, 1.

41. Ibid., XIX, 5-6.

dade da morte, com os fantasmas que povoam a mente do moribundo. Plasticamente Jesus viu a morte e o diabo com o cortejo de comparsas se aproximando "vestidos de fogo, cujas bocas vomitavam fumo e enxofre"[42]. À vista desse espetáculo macabro, José se encheu de medo e os olhos se lhe turvaram de lágrimas. Foi quando Jesus interveio: "Levantei-me rapidamente e repreendi o diabo e todo o seu cortejo; eles se puseram em fuga, envergonhados e confusos"[43]. Mas a morte demorava em vir. Então Jesus fez uma oração forte ao Pai:

> "Meu Pai misericordioso, Pai da verdade, olho que vê e ouvido que escuta, escuta-me: Sou teu filho querido; peço-te por meu pai José, obra de tuas mãos [...] Sé misericordioso para com a alma de meu pai José, quando for repousar em tuas mãos, pois esse é o momento em que mais necessita de tua misericórdia [...]". Então ele exalou o espírito e eu o beijei[44].

Continuando, diz: "Eu me atirei sobre o corpo de meu pai José [...], fechei seus olhos e cerrei sua boca e levantei-me para contemplá-lo"[45]. José acabara de falecer.

No momento em que vão sepultá-lo, Jesus confidencia aos apóstolos: "Não me contive e lancei-me sobre seu corpo e chorei longamente"[46]. Termina fazendo um balanço da vida de seu pai José:

---

42. Ibid., XXI, 1.

43. Ibid., XXI, 5-6.

44. Ibid., XXII, I 2.

45. Ibid., XXIV, I.

46. Ibid., XXVII, 4.

Sua vida foi de 111 anos. Ao fim de tanto tempo não tivera um só dente canado e sua vista não se enfraquecera. Toda a sua aparência era semelhante à de uma criança. Nunca sofreu qualquer indisposição física. Trabalhou continuamente em seu ofício de carpinteiro até o dia em que lhe sobreveio a enfermidade que o levaria à sepultura[47].

Ao encerrar seu relato, Jesus deixa o seguinte mandado, que serviu de mote inspirador de nosso texto: "Quando fordes revestidos de minha força e receberdes o Sopro de meu Pai, isto é, o Espírito Paráclito, e quando fordes enviados a pregar o Evangelho, pregai também a respeito de meu querido pai José"[48].

A bem da verdade, esse mandado ficou esquecido pela comunidade cristã, que por séculos deixou São José na sombra e à margem da reflexão teológica. Somente a tradição popular cultivou-lhe fielmente a memória.

d) Diálogos de Jesus, Maria e José

Há um apócrifo de origem etíope, cuja data é projetada para entre os séculos III e IV, que trata da morte de Maria. Denomina-se *Livro do Descanso*[49]. Na primeira parte, após o anjo anunciar a morte próxima de Maria, Jesus recorda cenas da infância. Nesse contexto entra a figura de José. Jesus lembra que, como menino, chorou. "Nessa ocasião,

---

47. Ibid., XXIX, 3-4.

48. Ibid., XXX, 3.

49. Livro do Descanso. In: *Morte e assunção de Maria*. Petrópolis: Vozes, 1991 [Tradução e notas de Lincon Ramos].

José foi áspero para contigo, Maria, dizendo-te: 'Dá o seio a teu filho[50].'

Mais adiante recorda o que Maria disse a José durante a fuga para o Egito:

> "Ó meu senhor, estamos com fome e que há para comermos neste deserto?" José irritou-se contra ti, dizendo: "Que te posso fazer? Não me tornei estranho a meus parentes por tua causa?[51] E isto porque não guardaste a virgindade e te encontras agora neste estado[52]. Não somente tu te preocupas. Também eu e meus filhos. Agora vivo contigo nesta angústia e não sei o que acontece a meus sete filhos [...]. Não há nestas árvores fruto algum que possas comer. Esta palmeira é alta e não posso subir nela. Eu te disse que não há ninguém para subir; não se encontra qualquer homem neste deserto. Por tua causa, estou mergulhado em tribulações por todos os lados. Abandonei a minha terra e me sinto transtornado. Não conheci[53] o filho que tens; sei somente que não provém de mim. Cheguei a pensar no meu coração: 'Talvez embriagado me aproximei de ti e tornei-me perverso, tendo-me, no entanto, proposto ser o teu guardião'. Ora, é claro que não fui sedutor. Faz cinco meses que te tomei sob minha guarda

---

50. Ibid., 5.

51. Ibid., 5. O sentido parece ser: os parentes de José não concordaram com sua decisão de receber Maria como esposa.

52. Ibid., 5. A primeira suposição, natural, de José, ao perceber Maria grávida, foi de que ela tivesse tido alguma relação sexual com alguém. Por isso José se perturba. Mas depois intervém o céu, e o anjo lhe assegura que a gravidez é obra do Espírito Santo.

53. Ibid., 6. O sentido é: não sei como ocorreu esta concepção.

e este menino tem mais de cinco meses, pois o seguras em teus braços. Na verdade, não foi o sêmen que o gerou, mas nasceu do Espírito Santo. Ele não permitirá que passes fome, mas usará de misericórdia para contigo; e alimentará também a mim, lembrado de que também sou peregrino a teu lado"[54].

Em seguida prossegue Jesus, dirigindo-se à Maria: "Por acaso José não te havia dito tudo isto?" Depois, voltando-se a José, diz: "Por que, meu pai, não sobes nesta palmeira e trazes o que comer para minha mãe?" Por fim, Jesus, mesmo criancinha, faz um milagre: por sua ordem, a palmeira com frutos se inclina até o chão e assim sua mãe e seu pai são alimentados[55].

Bem mais adiante no *Livro do Descanso* reaparece novamente a figura de José. É quando Maria conta a mulheres amigas o medo que passou fugindo para o Egito. Aí narra o seguinte:

> Quando eu e José e dois filhos seus fugimos, veio-me um momento de muito medo. Ouvi a voz de um menino que, atrás de mim, dizia-me: "Não chorais e não gritais; vedes e não vedes; ouvis e não ouvis". Ouvindo isso, voltei-me para trás para ver quem me dirigia aquelas palavras. Esse menino foi arrebatado e não soube para onde foi. Disse então a José: "Saiamos deste lugar, porque eu vi um menino eterno"; nesse momento, ele me apareceu e reconheci que era meu filho Jesus[56].

---

54. Ibid., 6.

55. Ibid., 7.

56. Ibid., 41.

Como se depreende, são trazidas à tona as angústias de uma família em necessidade, em fuga e com medo. E são recordadas as dúvidas de José diante da gravidez misteriosa de Maria, finalmente superadas pela convicção de que se tratava de algo vindo do Espírito Santo.

Vejamos agora alguns apócrifos tardios, pouco veiculados pela literatura teológica[57], mas que trazem alguns elementos para o nosso tema a seguir.

e) Evangelho árabe da infância de Jesus

Este é um apócrifo tardio, provavelmente do século VI, escrito em árabe. O manuscrito mais antigo, com iluminuras, que é uma versão de um texto siríaco mais antigo[58], foi copiado no século XIII em Mardin (o atual Curdistão turco).

Não vamos nos deter nele, pois retoma relatos do nascimento e da infância de Jesus, na mesma linha do *Evangelho do pseudo-Tomé* que referimos acima. Aí aparece Jesus como uma criança-prodígio. Já no berço, com apenas um ano de idade, fala à sua mãe, expressando a profissão de fé da comunidade cristã do final primeiro século: "Maria, sou Jesus, o Filho de Deus, aquele que deste à luz como te anunciara o Anjo Gabriel; fui enviado para salvar o mundo"[59].

---

57. Para esta parte dependemos de PERROTTA, L. Bourrassa. *Saint Joseph*; His life and his role in the Church today. Indiana: Huntington, 2000 [Todo o capítulo 6, p. 7-117, especialmente p. 112-113].

58. Usamos a edição de SALA, J.P.M. "Evangelio árabe de la infancia". In: *Apócrifos árabes...*, op. cit.

59. Ibid., 29.

Faz muitos milagres, sendo, porém, mais bondoso, pois transforma seus coleguinhas que lhe fizeram algum mal em cabritos, ao invés de fulminá-los de morte. Nas discussões com os sábios no Templo, mostra conhecimentos espantosos de medicina, astronomia e outras ciências.

Trabalha com José na carpintaria, facilitando-lhe o trabalho. Quando precisava cortar, alargar, encaixar e adaptar, Jesus estendia a mão e já as coisas aconteciam[60]. Mas ocorre uma inversão de papéis. É ele que corrige o pai e não o pai a ele, como aparece no *Evangelho de José o carpinteiro*. Esse evangelho ficou especialmente conhecido por causa dos milagres ocorridos durante a fuga para o Egito. À passagem da sagrada família, as árvores se inclinavam, na entrada das vilas a terra tremia e os ídolos despencavam de seus altares[61]. A água com a qual Jesus era lavado curava da lepra, a água usada para lavar suas roupinhas fazia surgir fontes de água borbulhante ou árvores de frutos doces. As fraldas de Jesus, postas sobre a cabeça, libertavam de demônios[62]. José, Maria e Jesus encontraram ladrões, mas eles não lhes fizeram mal algum. Um deles, entretanto, foi mais tarde o bom ladrão que estava ao lado de Jesus na cruz. Até um jovem que tinha sido transformado num mulo voltou a ser humano quando colocaram Jesus sobre ele[63].

---

60. Ibid., 10

61. Ibid., 7.

62. Ibid., 8.

63. Ibid., 16.

José aparece como o bom pai que cuida de Jesus em todo o trajeto pelo deserto e no Egito.

f) O evangelho do pseudo-Mateus

Este é um evangelho apócrifo, falsamente atribuído ao Evangelista Mateus (por isso pseudo-Mateus), datado do século VIII. Exerceu enorme influência nas artes, como se constata nas telas dos renascentistas Fra Angélico e Rafael e, depois, de Rubens e El Greco. Isso porque mostra um Jesus mágico, fazendo portentos com a cumplicidade de Maria e de José. Assim, dragões ameaçadores se afastam com um simples olhar do menino Jesus. Leões e leopardos acompanham pacificamente os burrinhos que carregam a sagrada família, sacodem alegremente suas caudas e dão mostras de adoração ao menino-Deus. Uma palmeira se verga para que seus frutos possam ser colhidos. Em recompensa, anjos levam um de seus ramos até o céu. A viagem ao Egito, ao invés dos 15 dias normais, é reduzida a um único dia. Quando a sagrada família entra num templo no Egito, 365 ídolos caem por terra e se despedaçam totalmente. Entende-se que a plasticidade destas narrativas, ausentes nos evangelhos de Lucas e de Mateus, tenha influenciado a religiosidade popular, a literatura e as artes até os dias atuais.

g) O evangelho do nascimento de Maria

Este apócrifo é o mais tardio de todos, pois provém do século IX. Apresenta José idoso, mas não viúvo, como os outros apócrifos. Ao se fazer a escolha dentre os idosos a quem caberia a guarda de Maria, aparece o milagre: o bastão de José é o único a florescer e o Espírito Santo desce do céu e pousa sobre ele. Mais tarde essa simples flor do bastão se transformará num lírio, sinal da pureza de José. E é assim que a maioria das representações o mostram: carregando num dos braços o menino Jesus e, no outro, segurando um feixe de lírios brancos.

Concluindo: os apócrifos entretêm os leitores, excitam a fantasia, inspiram as artes, alimentam a fé popular e atendem à curiosidade natural dos fiéis. Há mais lenda que história. Mas, devido à sua ressonância na vida concreta das comunidades cristãs, ajudam a compor a imagem de São José, somando-se àquela da história e àquela da teologia.

6
O São José da razão: a reflexão teológica

Por mais de quinze séculos São José ficou na obscuridade e no ostracismo dos teólogos[1]. A exceção dos tempos bem recentes, ele nunca foi considerado digno de ocupar um lugar importante na reflexão, mesmo dos papas em Roma.

Basta lembrar que nos Padres da Igreja, seja gregos, seja latinos, não se encontra sequer uma homilia sobre São José. As primeiras homilias e tratados começam a aparecer somente no século XV. Não nos consola a observação de Bossuet, o grande orador sacro francês do século XVII, no *Segundo panegírico sobre São José* no dia 19 de março de 1661: "O que a Igreja tem de mais ilustre, isso ela mais esconde"[2]. Tal frase soa como desculpa, pois o escondido de José é devido aqui ao descaso da teologia, que não soube ser criativa nem ousou ir além do silêncio dos textos neotestamentários sobre ele.

Mas nem por isso foi totalmente esquecido. Pois foi no seio do povo cristão e dos simples que sua devoção se refu-

---

1. O mundialmente conhecido *Vocabulário de Teologia Bíblica*, de Xavier Léon-Dufour (Petrópolis: Vozes, 1977), nem sequer dedica um verbete a São José. Remete a Maria e a Davi. Entretanto, anos antes tal autor havia escrito um belo artigo: "L'annonce à Joseph". *Mélanges bibliques rediées en L'honneur d'Andre Robert*. Paris, 1957.

2. Cf. texto recolhido em RONDER, H. *Saint Joseph* – Textes anciennes introduction. Paris: Lethillieux, 1953, p. 99-152, aqui p. 139.

giou e de lá ganhou, lentamente, os centros acadêmicos da teologia e a liturgia oficial.

Vamos historiar brevissimamente[3] o caminho da consciência cristã acerca de São José e mostrar como hoje, numa perspectiva teológica radical, começa a ganhar mais e mais relevância.

1 São José na história das ideias teológicas

Nos primeiros séculos São José está presente acidentalmente na consciência cristã, nos textos em que os Padres comentam as perícopes evangélicas de Lucas e de Mateus sobre a infância de Jesus. Santo Hilário († 367) e Santo Ambrósio († 397) e, mais tarde, Beda († 735) dedicam-lhe alguma reflexão. O fato de José ter sido artesão lhes faz recordar com frequência o Pai celeste, artesão de todas as coisas.

Até o século V aparecem os elementos principais que depois irão constituir os fundamentos de uma reflexão teológica mais detida: José tem um lugar na história da salvação, sempre a serviço de Maria e de Jesus; ele é um homem

---

3. Cf. JESUS MARÍA, José de, OCD. "Bibliografia fundamental Josefina". *Estudios Josefinos*, 20, 1966, p. 14-23; 28-31; 40-50; 54-56. A mesma coisa foi publicada em *Cahiers de Josephologie* de Montreal em 1966, onde se dão, século a século, os estudos sobre São José. R. Gauthier, reuniu numa obra de 1.365 páginas mais de 19.700 títulos sobre São José: *Bibliographie sur Saint Joseph...*, op. cit. Bom resumo apresentam GAUTHIER, R. & BERTRAND, Guy-M. *Dictionnaire de Spiritualité*, verbete *Joseph*. Paris: Beauchesne, 1975, col. 1.301-1.321; STRAMARE, T. *Gesù lo chiamò Padre*; rassegna storico-dottrinale su san Giuseppe. Città dei Vaticano, 1997; idem. "Giuseppe". *Dizionario di mariologia*. Torino: [s.e.], 1985, p. 633-655; RONDET, H. "Saint Joseph, histoire et théologie". *Nouvelle Revue Théologique*, fev. 1953, p. 113-140; SEITZ, J. *Die Verehrung des bl. Joseph in ihrergeschtlichen Entwicklung bis zum Konzil von Trient dargestellt*. Freiburg: Herder, 1908; para a parte do folclore, cf. *Enciclopedia Cattolica*. Città del Vaticano, 1951, vol. VII, col. 805ss.

justo, o casto esposo de Maria, o pai de Jesus, o testemunho exemplar de uma vida de fé e o trabalhador.

Do século V ao século XII, época da desestruturação do Império Romano e da lenta constituição do mundo medieval dos reis, condes, barões e da vasta massa de servos da gleba, poucas condições havia para se refletir e elaborar teologias consistentes. Apesar disso, a piedade popular acerca de São José persistia e se aprofundava à margem do reconhecimento eclesiástico. Especialmente os carpinteiros o tinham como patrono e faziam suas orações e festas dedicadas a ele.

No século XIII se ensaia uma reflexão mais sistemática com o franciscano, notável pensador, João Pedro Olivi († 1298). Escreve um pequeno tratado sobre São José em sua *Postula super Matthaeum* [Anotações sobre o Evangelho de Mateus].

O final do século XIII e todo o século XIV são importantes. A piedade e a teologia redescobrem a santa humanidade de Jesus. Para essa viragem foi decisiva a experiência espiritual dos mendicantes, de São Francisco, de Santo Domingos e dos sete santos Fundadores da Ordem dos Servos de Maria. Todos eles buscavam uma volta ao evangelho lido e pregado sem glosa e comentário. E aí assoma a infância de Jesus, as festas da anunciação, do nascimento, o presépio, o Corpo e o Sangue de Cristo na Eucaristia, os passos da paixão e a via-sacra. Por todas as partes se escrevem *Meditationes vitae Christi* [Meditações sobre a vida de Cristo]. Nesse contexto aparece o bom José e as devoções dedicadas a ele. Santa Margarida de Cortona († 1297) reza diariamente duzentos pai-nossos em honra a São José.

Os séculos XV e XVI representam o ponto alto da reflexão teológica sobre São José e dos esforços para divulgar seu culto. Aparecem os primeiros tratados específicos sobre São José. Figura emblemática é o teólogo e chanceler da Universidade de Paris, Jean Gerson († 1428) que se correspondia com a nata da intelectualidade cristã da época. Com suas cartas e sermões, ofereceu uma reflexão segura e profunda sobre o Santo. Mais ainda, escreve *Josephina*, um poema com 2.957 versos em 12 livros, num latim brilhante. O tom é de exaltação das virtudes de José e de seus privilégios, especialmente o de ter sido santificado desde o seio de sua mãe e de ter sido livre por Deus da concupiscência da carne. Ele o propõe como patrono das famílias, dos nobres, dos operários, dos moribundos e da Igreja Universal.

Esse tempo é conhecido também pelos pregadores populares que percorriam a Europa toda, atraindo para as praças, com seus sermões inflamados que duravam horas, milhares e milhares de pessoas. Três desses pregadores populares se notabilizaram por divulgarem a devoção a São José: São Bernardino de Sena († 1444), São Vicente Ferrer († 1419) e Jean Eck († 1453).

Nessa época começam a se escrever vidas de São José, uma mais fantasiosa que a outra, e se elaboram os primeiros tratados sistemáticos sobre o santo. O primeiro deles é do teólogo dominicano Isidoro de Isolanis († 1528) que publica a *Summa de donis Sancti Joseph* [Suma dos dons de São José]. Esse texto será referência a todos os tratadistas posteriores[4].

---

4. Uma tradução completa da obra de Isolanis é feita no volumoso livro de LLAMERA, B. *Teologia de San* José. Madri: BAC, 1953, p. 345-633.

Em 1535 Bernardin de Laredo, combinando piedade com teologia, escreve também a sua *Josephina*, na qual apresenta São José como modelo da vida interior. Com isso valorizava a piedade dos simples, daqueles que vivem cotidiana e anonimamente os valores evangélicos, alheios às discussões teológicas e aos controles eclesiásticos.

Dois autores, entretanto, ajudaram enormemente a divulgar a devoção de São José: André de Soto († 1625) com o seu *Libro de la vida y excelencias de el Bienaventurado San Joseph* e Jerôme Gratien († 1614) também com sua "Josephina", um poema longo e detalhado.

Fundamental para toda a reflexão posterior e para a minha própria elaboração foi, sem dúvida, o eminente teólogo jesuíta Francisco Suárez († 1617), professor em Salamanca. Em seu "Comentário à Terceira Parte da Suma Teológica de Santo Tomás de Aquino", que ele intitulou *De mysteriis vitae Christi* [Os mistérios da Vida de Cristo], dá um salto de grande ousadia. Por primeiro, situa São José na ordem hipostática. Quer dizer, José não é apenas um homem justo e cheio de virtudes, digno de ser o pai de Jesus, mas guarda uma relação tão profunda com o mistério da encarnação que, de alguma forma, participa dela. Já que Deus está envolvido com Jesus e Maria, a presença e a missão de José junto a eles o colocam também na esfera de Deus. Não explicitaremos melhor este pensamento agora porque posteriormente o retomaremos e o faremos central em nossa reflexão.

Importantíssima para a devoção a São José é a figura de Santa Teresa d'Ávila († 1582), a grande reformadora do Carmelo na Espanha, junto com São João da Cruz, e também eminente teóloga, declarada posteriormente a primeira doutora da Igreja. Em sua *Vida* se diz curada, aos 26 anos de idade, por intercessão de São José. O primeiro carmelo reformado, em 24 de agosto de 1562, é colocado sob a proteção de São José. Por isso o chama de São José d'Ávila. Os 11 outros carmelos reformados são todos colocados sob o patrocínio de São José. Em sua *Vida* testemunha: "Não me recordo de dirigir uma súplica a São José que não tenha sido atendida". E aos que têm dificuldades na oração, aconselha: "Quando não conseguir rezar, dirija-se a São José".

A influência que esta santa teve na Espanha, que era a potência imperial da época, dominando praticamente o mundo conhecido de então, ajudou enormemente a devoção a São José e a reflexão teológica. Nessa época também apareceram, pela primeira vez, as ladainhas a São José.

Os séculos XVII e XVIII marcam a idade de ouro da reflexão e devoção a São José. Escritos e tratados e mais tratados se multiplicam em toda a Europa, mas especialmente nos países hegemônicos do tempo, a França e a Espanha.

O Cardeal Bérulle († 1629) e seu círculo se declaram devotos de São José. Em seu conhecido *Discours de l'état et des grandeurs de Joseph* [Discurso do estado e das grandezas de José], de 1623, diz: "José é o lugar-tenente de Deus sobre a parte mais nobre de seu estado e de seu império".

Jean-Jacques Olier († 1657), fundador dos seminários dos Padres Lazaristas de Saint-Sulpice, que depois se estenderam por toda a Igreja, colocou essa iniciativa sob o patronato de São José. Em seu livro *La vie intérieure de la Très Sainte Vierge* [A vida interior da Santíssima Virgem] apresenta José como "a imagem da pureza do Pai eterno"; "nele o Pai exprime sensivelmente todas as perfeições divinas, sua sabedoria, sua prudência, seu amor e sua misericórdia".

São dessa época os dois famosos panegíricos de Bossuet († 1704): o *Depositum Custodi*, de 1656, repetido em 1659, e o *Quaesivit sibi Deus*, de 1657, repetido em 1670. São consideradas as mais belas páginas de louvor a São José, pelo menos em língua francesa.

Para o nosso argumento posterior é importante Louis-Francois d'Argentan, em suas *Conférences sur les grandeurs de la Vierge* [Conferências sobre as grandezas da Virgem], de 1680, onde afirma que José é "a sombra do Pai celeste". Como veremos ainda, esta expressão, *sombra do Pai*, abre a possibilidade de se pensar a personificação do Pai em São José.

Outro grande nome do tempo é São Francisco de Sales († 1622), cuja irradiação, especialmente através de Joana de Chantal († 1641), sua íntima amiga e confidente, atinge toda a Igreja da França e da Europa. Seu 19ème *Entretien* se ocupa de São José com fina penetração teológica, associada a grande piedade.

Nessa época, marcada pelo advento do Iluminismo e pela emergência do indivíduo, surge uma piedade adequada às exigências do tempo. Cultiva-se, principalmente difundida pelos jesuítas, a vida interior e o caminho pessoal para Cristo e para a Igreja. É nesse contexto que São José é redescoberto como o mestre da vida interior, vivida na família, no silêncio do trabalho e na cotidianidade da vida do dia a dia. Nessa época criam-se também muitos movimentos leigos[5], as congregações marianas e as associações

---

5. Cf. CHÂTELIER, L. *L'Europe des dévôts XVI-XVIII siècle*. Paris: Flammarion, 1987.

leigas ligadas às novas congregações religiosas ou ao redor da rede dos colégios jesuíticos. Um desses movimentos, Assembleia dos Amigos, notabilizou-se pela devoção a São José. Tratava-se de leigos e profissionais que, no coração do mundo, cultivavam a vida interior. Essa Assembleia dos Amigos, que se estendeu por muitas partes da Europa, tem por modelo a sagrada família, cuja profunda união humana e espiritual quer imitar. José era visto como o chefe da família, primeiro como esposo e depois como pai[6].

Na Espanha continuam a se publicar livros e tratados sobre São José. É de se destacar o livro de Pierre Moralès *In caputprimum Matthaei* [Sobre o primeiro capítulo de Mateus], de 1644, por transcrever em longas citações tudo o que de importante se havia escrito anteriormente sobre São José. Os missionários espanhóis levam a devoção a São José para toda a América Latina e para o Oriente. Já em 1555 haviam dedicado o México a São José, coisa que os missionários franceses fizeram com o Canadá somente em 1624. Por toda a parte surgem novenas, pequenos ofícios divinos, *Ave Joseph*, coroas de São José. A quarta-feira é dedicada a São José.

No século XVII nascem as primeiras congregações que levam o nome de São José. Isso é garantia de divulgação da devoção e de reflexões continuadas sobre a figura de São José.

A primeira, ainda em 1517, foram as Filhas de São José, em Gênova, sob a orientação de Santa Catarina de Sena. Depois, em 1620 em Roma, nascem os Josefitas; em 1638 em Bordeaux, França, as Filhas de São José; em 1643 na La

---

6. Cf. estudo de POUTET, Y. "Saint Joseph dans la spirituallté de l'Assembler des Amis (AA) au XVII siècle". In: *La figure de Joseph à l'orée du troisième millénaire*. Montreal, 1999, p. 101-119.

Flèche, França, as Hospitaleiras de São José; em 1648 em Le Puy, França, as Irmãs de São José; em 1660 em Lyon, França, as Missionárias de São José; e por fim, em 1694 em Montreal, Canadá, as Hospitaleiras de São José da Cruz. Posteriormente continuaram a nascer congregações. Entre 1517 e 1980 fundaram-se 172 comunidades religiosas cujo patrono é São José, 51 de homens e 121 de mulheres. Só nos Estados Unidos surgiram 36 congregações josefinas. Em muitas paróquias no Brasil existem as confrarias de São José, que visitam os doentes dos hospitais e acompanham doentes terminais.

Toda a linguagem sobre São José nestes séculos se caracteriza pelo maximalismo, pelas elevações, pela glorificação exacerbada das virtudes e privilégios do Santo, estilo que pouco tem a ver com o José histórico trabalhando em sua oficina, convivendo com a família, vivendo a espiritualidade dos pobres de Javé, dos "gente boa".

O século XVIII se caracteriza por um declínio geral da Igreja, assolada pelo racionalismo e cientifismo iluminista. Ela e sua teologia são consideradas coisas da idade das trevas. Tais visões, que circulavam pela sociedade, incidiram negativamente sobre a inteligência cristã, que se sentia acuada ou no dever de se autojustificar. Numa situação dessa natureza se entende que o aprofundamento e a criatividade, especificamente com referência a São José, não encontrassem espaço adequado.

Os missionários e pregadores populares, entretanto, como São Leonardo de Porto Maurício († 1751), que incendiava toda a Itália com o furor de suas pregações, não deixaram a chama devocional se extinguir. Santo Afonso Maria de Ligório († 1787) fundou a ordem dos redentoristas e a consagrou a São José. Ele mesmo escreveu um livro de novenas a São José. São José é especialmente citado como Patrono dos Moribundos e o Santo da Boa Morte. Entre os teólogos cumpre nomear A. de Peralta, do México, que em 1727 publica um extenso tratado, *Dissertationes scholasticae de Sancto Joseph* [Dissertações escolásticas sobre São José]. No Brasil, vinda de Portugal, difunde-se a Devoção aos Três Corações de Jesus, Maria e José (dando o nome à cidade de Três Corações, em Minas Gerais).

No século XIX, tendo amainado em grande parte a borrasca anticlerical, embora continuasse o processo de secularização, retomou-se o interesse devocional por São José. Ele já é uma presença garantida nos grandes manuais que administram a teologia nas faculdades e seminários, como M.-J. Scheeben, L. Billot. F. Egger, J. Kleutgen e outros[7].

Para o interesse de nossa tese três autores merecem ser mencionados: G.M. Piccirelli, um jesuíta, que em 1890 e 1891 publica uma série de artigos no *Bolletino della Lega Sacerdotale* (Napoli-Sorrento) com o título "Della preminenza assoluta di San Giuseppe nell'ordine estrinseco dell'unione ipostatica [Sobre a absoluta preeminência de São José na ordem extrínseca da união hipostática]"; L. Bellovet, um artigo em *La Science Catholique* de 1894: "Le Père de la misericorde, Saint Joseph appartientil à l'ordre hypostatique? [O Pai da misericórdia, São José, pertence à ordem hipostática?]" E, por fim, o oratoriano F.W. Faber († 1863)

---

7. Cf. GAUTHIER, R. "Saint Joseph d'après les théologiens de la fin du XIX siècle". *Saint Joseph, Cahiers 11 de l'Oratoire*. Montreal, 2001, p. 63-81; cf. tb. STÖHR, J. "Zur Theologie und Verehrung des heiligen Josef in Deutschland seit der Secularisation". *Josefstudien*, 2, mar. 1994, p. 8-14.

em suas obras de espiritualidade, que conheceram grande difusão em toda a Igreja, especialmente entre 1853 e 1860, apresenta São José como "a sombra da figura do Pai eterno".

O século XX mostra grande amadurecimento dos estudos sobre São José. Fazem-se investigações exegéticas exaustivas, levantam-se todos os textos dos Padres da Igreja e dos principais teólogos da tradição, aprofundam-se as pesquisas sobre as devoções populares, aparecem verdadeiros tratados de josefologia. Sobressaem, pela seriedade e rigor, os estudos de T. Stramare, R. Gauthier, G.-M. Bertrand, A. Doze, B. Llamera, P. Grelot, entre outros.

De importância inestimável é a criação de uma série de centros de estudos de josefologia, com suas respectivas revistas e coleções de livros. Eles mantêm ininterrupta a reflexão, atualizam as investigações e oferecem visões sistemáticas de conjunto sobre São José e seu lugar no desígnio do Mistério.

Apraz-nos citar a revista *Estudios Josefinos*, criada em 1947 pelos carmelitas descalços de Valladolid, seguida por um centro de investigação fundado em 1957.

Os Padres de Santa Cruz criaram em 1953, junto ao Oratório de São José, em Montreal, o maior do mundo, a prestigiosa revista *Cahiers de Josephologie*. Aí funciona, desde 1952, um centro de investigação com uma das melhores bibliotecas sobre São José, da qual eu pessoalmente fui um beneficiado. Outros centros de investigação foram criados em Viterbo, em 1952; em Milão, em 1963; no México, em 1963; em Kalisz, Polônia, em 1969 e outro em Louvain, em 1978.

O Primeiro Simpósio Internacional sobre São José, realizado de 29 de novembro a 6 de dezembro de 1970 em Roma, deu especial alento aos estudos e propiciou a articulação dos principais pesquisadores na área. Esses encontros continuam regularmente, e as atas dos trabalhos são publicadas pelos centros referidos acima, de Valladolid, de Montreal e do México.

Hoje a josefologia possui título de cidadania. Seguramente muito há que se aprofundar sistematicamente sobre o tema. Mas, pelo menos, a teologia sobre São José não precisa ganhar aspas, como no livro do Cardeal Dubois[8] ainda em 1927, como se as reflexões sobre ele não merecessem entrar na categoria de teologia.

Para o tema que nos ocupará mais à frente, três nomes serão fundamentais: o Padre Paul-Eugène Charbonneau, que viveu longos anos no Brasil e aqui morreu, com sua tese doutoral *Saint Joseph appartient-il à l'ordre de l'union hypostatique?* [Pertence São José à ordem hipostática?] de 1961; A. Doze, *Joseph, ombre du Père* [José, sombra do Pai] de 1989; e os manuscritos de Frei Adauto Schumaker, brasileiro, vivendo na região amazônica, que, por primeiro, falou explicitamente de São José como "o Pai personificado".

Assumindo seus pontos de vista, tentaremos pensá-los até o fim e sustentar que São José comparece na história da salvação, de fato, como a personificação do Pai, assim como Maria é do Espírito Santo e Jesus, do Verbo.

---

8. DUBOIS, Cardeal. "Théologie de Saint Joseph". *Saint Joseph*. Paris: Gabalda, 1927, cap. VII, p. 133-145.

2 São José no culto da Igreja e nos documentos pontifícios

Não se sabe exatamente quando começou na Igreja a veneração a São José. Ele era, naturalmente, indissociável das festas ligadas a Maria (Anunciação e Dormição) e às de Cristo (Natal e Apresentação no Templo). Seu nome sempre foi acolhido com respeito e carinho por ser o esposo de Maria e o pai de Jesus.

Somente nos séculos VIII e IX aparecem os primeiros testemunhos de veneração na Igreja copta. Era lembrado como José, o Carpinteiro, no dia 2 de agosto. Na Igreja de Bizâncio, pela mesma época, ele é celebrado em datas que variavam, mas todas ao redor do Natal, sempre junto com os reis magos. Na Igreja romana, a partir do século VIII, constata-se um culto litúrgico a São José, esposo de Maria, ou, em outras igrejas locais, como o pai nutrício de Jesus. A data aduzida é sempre 19 de março.

No século XIII os beneditinos da Abadia de São Lourenço, em Liège, já haviam elaborado um ofício divino junto com os textos da missa em honra a São José, sinal de um culto já organizado e implantado.

Grande mérito cabe aos padres Servos de Maria, que em 1324 decidiram em seu capítulo geral celebrar São José no dia 19 de março, seguidos pelos franciscanos em 1399. Essas duas ordens mendicantes eram e continuam ligadas diretamente ao papa e podiam levar, por todos os lugares da Igreja universal, sua liturgia e festas próprias. Como eram ordens populares, acabaram difundindo largamente a devoção de São José no meio do povo e também sob a forma oficial, pela liturgia. Mas foi somente mais tarde que os papas criaram as festas oficiais de São José.

O Papa Sixto IV (1471-1484), por primeiro, acolheu a Festa de São José como festa simples no Breviário e no Missal. Gregório XV (1621), a pedido dos reis da Áustria e da Espanha, estabeleceu como festa de preceito o dia 19 de março, dedicado a São José. Durante o pontificado de Pio IX, um dos mais longos da história (1846-1878), vieram de toda a cristandade petições dirigidas à Congregação dos Ritos para que São José fosse declarado Patrono da Igreja, especialmente numa época em que os Estados Pontifícios eram atacados e o processo de secularização na Alemanha e na Áustria avançava sobre conventos e bens das dioceses para passá-los às mãos do Estado. Ao final do Concílio Vaticano I, interrompido por causa da guerra prussiano-alemã (1870), o papa, mediante um decreto da Congregação dos Ritos (*Quaemadmodum Deus*), do dia 8 de dezembro de 1870, declarou oficialmente São José Patrono da Igreja Universal, cuja festa, de primeira classe, devia ser celebrada no dia 19 de março.

A fundamentação é curiosa e revela o estilo grandiloquente da época, em contraste com a situação pobre do José histórico de Nazaré: "Como José do Egito, Deus estabeleceu a José de Nazaré senhor e príncipe de sua casa e de seus bens e seus mais ricos tesouros foram confiados à sua guarda"[9].

Leão XIII (1878-1903) publicou, no dia 15 de agosto de 1889, a primeira encíclica sobre São José, *Quamquam pluries*[10]. Teologicamente é um texto fraco, mas incentivou a devoção ao Santo, dedicando-lhe todo o mês de março

---

9. Cf. texto em *AAS* (*Acta Apostolicae Sedis*) 6 (1870), col. 193-194.

10. Cf. texto em *AAS* 9 (1890), col. 175-183.

como o Mês de São José, todas as quartas-feiras e especialmente, no dia 19, a grande festa dedicada a ele como Patrono da Igreja Universal. Seguindo a linha de sua encíclica social *Rerum Novarum*, que desconsidera as classes sociais com seus inevitáveis conflitos, apresenta São José como um patrono que serve a todos, independentemente de seu *status* social, dos casais, dos pais de família, dos consagrados à virgindade, dos nobres falidos, dos ricos bem-sucedidos para que sejam generosos, dos pobres, dos carentes de todo tipo de bem e dos trabalhadores, pois seu estado merece especial proteção de São José, para que compreendam que sua profissão humilde não precisa ser desprezível, mas, pelas virtudes, pode ser enobrecida.

Pio XI (1922-1939) introduziu uma curiosidade: na Festa de São José de 19 de março de 1930 consagrou a Rússia a São José e na encíclica *Divini Redemptoris*, publicada na mesma Festa de São José em 1937, pede intercessões a São José contra o comunismo. Num discurso a 19 de maio de 1935 ao clero de Roma, sugere que São José pertence à ordem hipostática ou, ao menos, que teve a revelação disso[11].

Pio XII (1939-1958) proclamou o dia 1º de maio como o Dia de São José, o Trabalhador.

João XXIII (1958-1963) confiou o Concílio Vaticano II a São José e fez introduzir seu nome no cânon da missa: "São José, Esposo de Maria".

João Paulo II (1979-2005) mostrou grande devoção a São José, sempre citado em suas muitas encíclicas. Dedi-

---

11. Apud GAUTHIER, R. & BERTRAND, G.-M., em *Dictionnaire* de *Spiritualité*, op. cit., col. 1.320, e se refere ao *Bolletino del clero romano* 16 (1935), p. 57.

cou-lhe a Exortação apostólica *Redemptoris Custos*, de 15 de agosto de 1989, sobre a figura e a missão de São José na vida de Cristo e da Igreja, para celebrar o centenário da encíclica de Leão XIII, *Quamquam pluries*, a única sobre São José. Nesse documento o papa retoma os dados da tradição. Segue fundamentalmente o esquema dos evangelhos, apresentando todos os eventos em que São José aparece. Segue não a exegese moderna, que tantos elementos tem trazido para a reflexão, mas prefere orientar-se pela interpretação que os Padres fizeram, de cunho mais espiritual e pastoral. É de se destacar a parte V, "Sobre o primado da vida interior", com sugestões concretas para a vida dos fiéis. Num ponto, porém, avança, em direção de nossa tese, ao afirmar, no n. 21, que a paternidade humana de São José vem assumida no mistério da encarnação e assim ganha uma dimensão hipostática.

João Paulo II canonizou no dia 25 de maio de 1982 uma das pessoas mais importantes na difusão do culto a São José: Irmão André Bessette (1845-1937), religioso leigo e semianalfabeto, da Congregação dos Padres de Santa Cruz de Montreal, Canadá, porteiro, a vida inteira, do Collège Notre Dame. Muito doente quando jovem, fez uma promessa a São José. Caso conseguisse ser aceito como religioso, empenhar-se-ia na construção de uma igreja dedicada ao Santo. Homem de grandes virtudes e de extrema humildade, atraía multidões, consolava e curava a muitos com suas preces. Conseguiu construir o Oratório de São José, no Mont Royal, o maior santuário mundial dedicado ao Santo.

Ao terminarmos esta parte, constatamos que a figura de São José foi lentamente ganhando espaço na consciência cristã até desabrochar em toda a Igreja. Todos participaram, especialmente os estratos populares que se acercam ao Mistério mais pela via da experiência que pela via da reflexão. Segundo o conhecido josefólogo Roland Gauthier[12], a Santa Sé foi a última a ser conquistada para a devoção a São José. Ela não foi historicamente muito generosa na divulgação de seu culto e na introdução de seu nome no cânon da missa. É sintomático constatar que a proclamação de São José como Patrono da Igreja Universal foi feita por um decreto da Congregação dos Ritos, em 8 de dezembro de 1870, e não diretamente pelo Papa Pio IX.

Por mais que se tenham difundido os centros e as revistas dedicados a São José, a teologia não incorporou suficientemente, em seus tratados, a figura e a significação de São José[13]. Predominam os paralelismos e a ausência de organicidade entre as verdades dentro da única grande verdade: a autocomunicação de Deus-Trindade à sua criação. Se esta perspectiva ganhar centralidade, será muito mais fácil aos cristãos entenderem que não apenas o Filho se personalizou em Jesus, mas também o Espírito Santo em Maria e o Pai em São José.

O José que veio da obscuridade e viu por primeiro a luz, o José que permaneceu sempre em silêncio para expressar melhor o Mistério sem nome continua a convidar a Igreja e a teologia a desenvolverem esta visão unificadora. Ela é apta para mostrar o inarredável amor e a infinita sim-

---

12. Cf. GAUTHIER, R. "La proclamation de Saint Joseph comme patron de l'Église". *Cabiers de Joséphologie*, 43, 1995, p. 29-50.

13. Cf. Dr. Pedro de La Noi B., *De la Redemptoris Custos a la teologia* (*publicado* pelo Centro de Documentación y Estudios Josefinos de México, 2001), p. 171-175.

patia do Deus-Trindade para com a família humana e, concretamente, para com Jesus, Maria e José. Eles antecipam aquilo que vai ser o destino de todos: a completa inserção na vida e na comunhão trinitária.

7

O São José de Deus: a ordem da união hipostática

Chegamos agora a um ponto importante de nossas reflexões. José só pode ser entendido adequadamente dentro do jogo das relações que sua pessoa e sua função estabelecem. Há uma trindade em Nazaré, constituída pela família Jesus-Maria-José. Nessa família entrou o Espírito Santo, que armou sua tenda em Maria (cf. Lc 1,35) e o Filho eterno, que também armou sua tenda em Jesus (cf. Jo 1,14). Tal fato afeta São José, porque Maria é sua esposa e Jesus é seu filho. Como se relaciona, então, José com as divinas pessoas, presentes em sua família? É o que a expressão *ordem hipostática* quer sinalizar.

Que é a ordem hipostática?

Hipostática vem de *hipóstase*, que em grego clássico e eclesiástico significa "pessoa". Como dissemos acima, a Pessoa do Espírito Santo e a Pessoa do Filho armaram sua tenda em Maria, respectivamente, e em Jesus. Esse evento extraordinário funda a ordem hipostática, vale dizer, uma dimensão e um campo de ser e de agir que é próprio dessas Pessoas divinas. Embora própria, essa ordem é aberta à participação, pois as Pessoas divinas, graciosamente, assumiram Maria e Jesus para dentro de sua realidade divina.

E São José não cabe dentro dessa ordem hipostática? Por que deixá-lo de fora? Há excelentes razões para inseri-lo junto com sua esposa e seu filho.

Os dados seguros são estes: ele tem e mantém relação imediata e estreita com Maria, na qual está o Espírito, e com Jesus, no qual está o Filho. Essa relação permite dizer que, pelo menos indiretamente, ele pertence à ordem hipostática, pois, em concreto, não se pode pensar Maria e Jesus sem ele, seja como marido, seja como pai. Vejamos com certo detalhe esse jogo de relações.

Em primeiro lugar, José tem uma relação de pertença com Maria. Com ela, antes mesmo da concepção virginal, estava ligado pelo laço matrimonial, seja pelo noivado, que para a compreensão de seu tempo tinha o mesmo valor que o matrimônio, seja pelo casamento efetivo realizado logo após a anunciação de sua gravidez por obra do Espírito Santo. Ele é o esposo de Maria. E Maria é sua esposa. De alguma forma ele possui, através de Maria, uma relação com o Espírito Santo.

Por ser esposo real e verdadeiro, estabelece também uma segunda relação, singular, com Jesus, fazendo-se pai matrimonial que cuida, acompanha, protege e educa Jesus. Esse seu filho que ele cuida é o filho de Deus. São José possui, portanto, uma relação singular com a segunda Pessoa da Trindade. Há pois, aí também, uma pertença hipostática.

A *Redemptoris Custos* de João Paulo II o reconhece explicitamente: "Juntamente com a assunção da humanidade, em Cristo foi também 'assumido' tudo aquilo que é humano e, em particular, a família, primeira dimensão da sua existência na terra. Neste contexto foi assumida também a paternidade humana de José" (n. 21).

Esse encadeamento de raciocínio é lógico e doutrinariamente consistente. Ficamos até surpresos pelo fato de que esse tipo de raciocínio não tenha sido percebido, durante quinze séculos, pelos teólogos, mas houve um progressivo processo de conscientização cujas etapas podem ser reconstruídas, como está sendo feito pelos josefólogos mais sérios[1].

Distinguimos cinco etapas principais.

1 São José participa da economia da salvação

Numa primeira etapa se fala da participação e da cooperação de São José na economia da salvação, mais precisa-

---

1. Cf. o livro *Saint Joseph appartient-il à l'ordre de l'union hypostatique?* Montreal: Centre de Recherches Oratoire Saint Joseph et Faculte de Théologie, 1961. O texto é um extrato de artigos com o mesmo título, aparecidos em *Cahiers de Joséphologie*, 7 (1959), p. 5-33, 195-221; 8 (1960), p. 41-74, p. 293-318; idem. "L'appartenance de Saint Joseph à l'ordre de 1'union hypostatique et son rôle de patron de l'Eglise Universelle". *Cahiers de Joséphologie*, 2, 1955, p. 241-274; cf. ainda a bibliografia por nós consultada: F. de P. Solá i Carrio. "Pertenencia de San José al orden hipostático". *Estudios Josefinos*, 16, 1962, p. 129-146; SCHREDER, F. "S. Joseph et l'union hypostatique" (em polonês). *Ruch Biblijny i Liturgiczny*, 27, 1974, p. 215-220; SAMSON, H. "San Giuseppe e l'ordine dell' unione ipostatica". *Movimento Giuseppino*, 10, abr. 1966, p. 8-18; ROMÁN DE LA INMACULADA, OCA. "Pertenencia de San José al orden de la unión hipostática". *Estudios Josefinos*, 10, 1956, p. 147-156; PUJIULA, J. "Aptitud de San José para el orden hipostático". *Revista San José de la Montana*, Barcelona, 47, 1951, p. 55-56, p. 100-101; PALMIER, S. "Pertenencia de San José al orden de la unión hipostática". *Estudios Josefinos*, 12, 1958, p. 36-62; MICHEL, A. "Appartenance de S. Joseph à l'ordre de l'union hypostatique". *L'ami du clergé*, 66, 1956, p. 177-183; MC GINNIS, Th. "The holiness of St. Joseph and the order of the hypostatic union". *The Marian Forum* (v. I), *The praise of St. Joseph*. Nova York: The Scapular Press, 1961, p. 14-23; LLAMERA, B. "Pertenece San José al orden hipostático?" *Ciencia Tomista*, 71, 1946, p. 251-281; idem. "La relación de San José con el orden hipostático". *Estudios Josefinos*, 1, 1947, p. 34-64; idem. *Teologia de San José*. Madri, 1953, p. 115-143; IGLESIAS, A.L. "La paternidad de San José le relaciona con el orden hipostático". *Estudios Josefinos*, 6, 1952, p. 56-79; SAUVÉ, Ch. *Le mystère* de Joseph. Nice: Éditions de l'Agneau, 1978, especialmente p. 116-130; GAUTHIER, R. *La paternité de Saint Joseph*. Montreal: Oratoire de Saint-Joseph, 1958, p. 150-151.

mente, no mistério da encarnação. Economia da salvação é uma expressão técnica da teologia e da liturgia, assumida também na linguagem oficial das Igrejas para significar o processo histórico, em suas várias fases, pelo qual Deus vai entrando progressivamente na vida humana e na história, realizando uma aliança e oferecendo sua graça e salvação. São José ocupa um ponto altíssimo nesse processo, porque através dele Jesus entra na família humana como uma pessoa normal.

O primeiro a ver explicitamente essa inclusão de São José na economia da salvação foi São João Crisóstomo († 407); depois, com mais consciência, Santo Agostinho († 453); e, de uma forma clara e elegante, o chanceler da universidade de Paris, Jean Gerson († 1428)[2]. Tudo culminou com o primeiro tratadista de São José, Isidoro de Isolanis, com sua conhecida *Summa de donis Sancti Joseph* [Suma dos dons de São José] (1522), que com todas as palavras fala da relação estreita de São José com o plano divino de salvação.

Argumenta ele que, por ser esposo de uma mulher, Maria, que ficou grávida do Espírito Santo, e por ter assumido a maternidade virginal dela e também a paternidade de Jesus, José é a pessoa mais próxima de Jesus, o Verbo encarnado. Isolanis enfatiza muitas vezes em seu imenso *opus*: "José foi justo consoante o testemunho do Espírito Santo; por isso, mais que qualquer outro, ele foi ordenado

---

2. Cf. uma bela frase de J. Gerson, proferida no sermão aos padres conciliares do Concílio de Constança: "Quereria que abundassem as palavras para explicar esse mistério tão elevado quanto oculto durante séculos, vale dizer, a admirável e venerável Trindade que é a de Jesus, José e Maria": Sermo de Nativitate gloriosae Virginis Mariae, em *Concilio Constantiensi*, Tertia Pars Operum (Paris, 1606), t. II, cons. 4, col. 140, apud CHARBONNEAU, P.-E. *Saint-Joseph...*, op, cit., p. 82-83.

150

de forma muito próxima e imediata ao Cristo [...]. Ele é ordenado à educação e à paternidade do Cristo. Em consequência, José, depois de Maria, é aquele que é mais diretamente ordenado ao Cristo"[3].

A ideia de uma ordenação hipostática de São José está aqui implícita, mas não chegou ainda a ser formulada em termos técnicos.

2 São José pertence à ordem hipostática

A formulação técnica foi encontrada por Francisco Suárez, grande teólogo jesuíta do século XVI na Espanha, inaugurando a segunda etapa. Vamos citar o texto central, por ser importante para a nossa tese. Suárez traça uma comparação entre a missão e o ministério dos apóstolos e a missão e o ministério de José. Aí diz:

> Estimo que o ministério dos apóstolos é o mais excelente de todos os ministérios instituídos por Jesus Cristo em sua Igreja. Entretanto, creio que se pode legitimamente afirmar a probabilidade de que o ministério ou a missão de São José seja mais perfeito, porque, na verdade, ele pertence a uma ordem mais elevada. Com efeito, há ministérios que pertencem somente à ordem da graça: nesta ordem, os apóstolos ocupam o primeiro lugar. Sem dúvida, em função disso, devem ter recebido mais graças e sobretudo mais carismas. Há outros ministérios que dizem respeito à ordem da união hipostática. Esta, por sua natureza, é mais perfeita que a ordem da

---

3. As fontes se encontram em CHARBONNEAU, P.-E. *Saint-Joseph...*, op. cit., p. 85-87.

graça. Entendo que nesta ordem se encontra o ministério de São José, embora em último degrau. Por conseguinte, este ministério ultrapassa todos os demais que pertencem à ordem da graça, porque é de uma ordem superior [...]. O ministério de São José não pertence ao Novo Testamento, nem, a bem da verdade, ao Antigo, mas ao autor de um e de outro, à pedra angular, Jesus Cristo, que une a ambos[4].

Pela primeira vez, um notável teólogo católico ousa pensar a figura de São José no contexto da união hipostática do Verbo, mais ainda, como uma realidade que pertence a essa ordem: "Entendo que nesta ordem (da união hipostática) se encontra o ministério de São José". Prestemos, no entanto, atenção: Suárez não diz que a pessoa de São José, mas o seu ministério, vale dizer, sua função, pertence à ordem hipostática. Mais à frente tentaremos um passo a mais, afirmando que a pessoa de São José pertence à ordem hipostática, entretanto, com referência à Pessoa do Pai celeste.

Os teólogos a partir de Suárez irão discutir o nível dessa ordem e se ela é implícita ou explícita, se é imediata ou mediata.

Depois de Suárez é de se nomear um josefólogo franciscano, Juan de Carthagena, que escreveu por volta de 1613. Ele assume a tese de Suárez e a explicita de forma precisa e imperativa. Afirma que

> Maria e José foram elevados ao serviço do Verbo Encarnado: Maria para lhe dar a substância de sua carne e José para sustentá-la. [...] Em

---

4. "Commentarium in Tertiam" (da *Summa Theologica de Santo Tomás de Aquino*), q. 29, a.2, disp. 8, sectio I, n.10, em *Opera Omnia*. Paris: Vivès, 1860, t. 19. In: CHARBONNEAU, P.-E. *Saint-Joseph...*, op. cit., p. 88.

consequência, depois de Maria, São José foi o mais imediatamente ordenado à humanidade de Cristo [...] é o grau ínfimo da ordem hipostática, mas é tão excelente que supera todas as demais ordens [...] dos anjos, dos serafins, dos querubins, dos apóstolos. Esta, dos apóstolos, é ordenada ao corpo místico da Igreja, enquanto o ministério de São José se ordena ao corpo natural de Cristo[5].

Após essa explicitação, mais e mais teólogos abordam a questão, quase nos mesmos termos. Sempre de novo se repete a fórmula *pertinet ad unionem hypostaticam*, vale dizer, pertence à união hipostática. Tudo culmina com um texto do Concílio de Poitiers (1868) que faz eco à tese de Suárez e seguidores, afirmando: "A piedade cristã não se desgarra quando atribui a São José uma glória tão grande e um poder assim tão imenso, atendendo àquilo que o douto Suárez observou acerca de sua ligação com a ordem supereminente da união hipostática"[6].

3 A pertença à ordem hipostática: uma ideia pacífica

A terceira fase é a da difusão dessa ideia, inaugurada por Suárez e aperfeiçoada por Juan de Carthagena. Não se trata mais de justificar a ideia, mas de considerá-la aceita e corrente entre os teólogos. Agora importa difundi-la mais e mais.

Como diz Charbonneau:

> Para negar o fato da pertença à união hipostática, precisar-se-ia desconhecer as circunstâncias

---

5. *Homiliae catholicae de sacris arcanis Deiparae Mariae et S. Joseph aiusdem sponsi.* Neapoli: Vernieri, 1839, textos em CHARBONNEAU, P.-E. *Sain-Joseph...*, op. cit., p. 89-92.

6. *Atas do Concílio de Poitiers*, 1868, cap. 11.

concretas nas quais Deus quis a encarnação. Tendo em conta estas, que não podem ser ignoradas, vê-se José ligado a Maria em vista da vinda do Verbo entre os homens, finalidade única e exclusiva de Maria e de José, finalidade irrefutável porque inscrita no dado revelado; é essa finalidade que os coloca a ambos, cada um a um título próprio, na ordem da união hipostática[7].

Em outras palavras: não existe encarnação real e verdadeira sem a vinculação com Maria e José. Essa imbricação funda a pertença de São José à ordem hipostática.

Trata-se agora de aprofundar o que ela realmente implica e buscar sua adequada expressão. A discussão dirá que José ocupa o lugar ínfimo na ordem da união hipostática. Mas não importa. O que importa é sua relação com as duas Pessoas divinas.

Especulam os teólogos: São José confina com a ordem hipostática, serve à ordem hipostática, participa da ordem hipostática, pertence à ordem hipostática? Ela é imediata ou mediata, é intrínseca física, ou instrínseca moral? Aqui, como sói acontecer entre os teólogos, entram as sutilezas, as distinções e subdistinções, que acabam mais por confundir do que aclarar o que se pretende[8]. O instrumental teórico usado é, quase que exclusivamente, derivado da metafísica medieval, estática e formal.

---

7. CHARBONNEAU, P.-E. *Saint-Joseph...*, op. cit., p. 112.

8. Estas discussões são detalhadas sempre dentro do paradigma da filosofia e teologia medievais, de corte aristotélico-tomista, por CHARBONNEAU, P.-E. *Saint-Joseph...*, op. cit., p. 113-136; o mesmo caminho perseguem praticamente todos os autores que abordaram essa questão; cf., por exemplo, o minucioso estudo de LLAMERA, B. *Pertenece San José...*, op. cit., p. 251-282, especialmente p. 269: "São José coopera na constituição da ordem hipostática de um modo verdadeiro e singular, extrínseco, moral e mediato".

Sem querer desqualificar tal método da teologia, seguimos outro caminho, mais ligado à fenomenologia concreta e ao sentido de totalidade presente nos eventos divinos e humanos.

Por nossa parte diríamos: ser pai constitui um fenômeno complexo, que vai da geração biológica, passa pela sustentação física, pelo acompanhamento humano, psicológico e moral no processo de individuação, até a inter-relação de mútuo reconhecimento. Ao assumir Maria como mulher, ao aceitar, não sem relutâncias, sua gravidez, ao levá-la para casa e ao acolher o filho que nasceu, São José realizou *ex officio* todas as funções de marido e de pai, num sentido forte e verdadeiro. Não obstante tudo isso, importa reconhecer que não é pai num sentido estritamente genético-biológico, pois Jesus não se originou dele, consoante o unânime testemunho da Igreja dos primórdios. Mesmo assim nos é lícito dizer, num sentido antropológico e social, que ele é pai verdadeiro, porque a missão e as funções paternas (seu ministério, como diriam os teólogos da tese da pertença à ordem hipostática) foram plenamente assumidas por ele nas várias etapas da constituição, crescimento e amadurecimento da vida de Jesus.

Não se pode pensar a encarnação concreta do Verbo em Jesus sem a presença de São José. Ele pertence ao evento completo da encarnação, seja como esposo de Maria, seja como pai de Jesus.

Sua pertença à ordem hipostática não é metafórica nem moral. É real, concreta e verdadeira. Seguramente, José nunca formularia o que se passou com ele na forma como o estamos fazendo. Seria estranho e até incompreensível para ele ouvir que "pertence à ordem hipostática". Esse é o nosso discurso, não o de José. Nosso discurso é cultural e teológico. O de José foi também cultural e teológico, mas expresso nas categorias de sua tradição espiritual, que é bíblica.

O sentido é: ele se sente envolvido num evento que tem a ver, misteriosamente, com Deus. Acolhe, com surpresa e perplexidade, tal envolvimento (cf. Mt 1,19), talvez sem compreendê-lo em toda a sua dimensão. Mas, por ser um homem que pauta a sua vida à luz de Deus, como todo homem justo de Israel (cf. Mt 1,19), e por estar embebido de fé no desígnio do Mistério, guardava juntamente com Maria todas essas coisas em seu coração (cf. Lc 2,51).

Basta essa atitude de completo despojamento e inteira entrega ao Desconhecido-conhecido para afirmar a sua participação ativa e sua cooperação substancial no mistério da vinda do Espírito sobre Maria e do Verbo sobre Jesus. Ele, pois, tem a ver com a autocomunicação de Deus no mundo, na forma de personalização em Maria e de encarnação em Jesus.

Entretanto, cabe ressaltar: a literatura teológica raramente abordou a relação de José com o Espírito Santo mediante Maria. Somente nos últimos anos começaram os teólogos, mas ainda não os do magistério eclesiástico, a considerar a relação de José, pai terrestre de Jesus, com o Pai celeste. Ele vem apresentado como a sombra do Pai[9], a quarta etapa da reflexão.

---

9. Cf. a importante obra de DOZE, A. *Joseph, ombre...*, op. cit., especialmente todo o capítulo V: "Lombre du Père", p. 83-103; cf. tb. EPHRAIM, J. *Joseph, un père pour...*, op. cit., "Ce que signifie 'ombre du Père'", p. 124-133; SAUVÉ, Ch. *Le mystère de...*, op. cit., especialmente a parte "Saint Joseph, l'ombre du Père", p. 119-122. A abordagem não segue a nossa linha, de uma verdadeira relação hipostática da pessoa do Pai com a pessoa de José. Esses autores veem a relação na linha das virtudes e qualidades e afinidades do Pai celeste refletidas no pai terrestre.

4 São José: a "sombra" do Pai

Aprofundemos esse tipo de linguagem. Em primeiro lugar importa recordar que Jesus é o filho de José, como o diz claramente o Novo Testamento (Mt 13,54-56; Lc 4,22; Jo 1,45; 6,42). Entre o humilde pai de Nazaré e o Pai celeste, pelo fato da paternidade de ambos, surge inegavelmente alguma conexão. Que natureza possui?

François-Louis d'Argentan, em suas conhecidas *Conférences sur les grandeurs de la Vierge Marie* [Conferências sobre as grandezas da Virgem Maria], de 1680, tentou uma primeira explicitação. Claramente afirma que São José é "sombra do Pai".

Escrevia ele:

> Ó glória inestimável do grande São José! Ele é a sombra do Pai. Ele representa sua pessoa para seu Filho único. Ele quer até que ele, José, tenha a honra de usar o nome de pai no lugar do Pai celeste. Pois chamamos francamente São José o pai do Verbo encarnado, como o faz o Evangelho, visto que ele é a sombra do Pai e parece que a sombra não é outra coisa que o próprio corpo do qual ele é sombra[10].

Aqui se faz uma afirmação ousada. Não só José é a sombra do Pai, quer dizer, a presença misteriosa do Pai. Ele é a corporificação do Pai, do qual é sombra. Estamos, pois, no coração da tese que iremos sustentar: José é a personificação do Pai. Mas detenhamo-nos na expressão *sombra do Pai*.

A expressão se deriva da outra expressão bíblica, "sombra do Espírito" ou como nós, seguindo o texto gre-

---

10. Apud EPHRAÏM, J. *Joseph, un père...*, op. cit., p, 125-126.

go, traduzimos, "a tenda do Espírito" armada sobre Maria (cf. Lc 1,35).

Para entendermos o que significa a "sombra do Pai", precisamos articular quatro conceitos: morar, tenda, nuvem e sombra.

Em hebraico não há exatamente uma palavra para morar. Por serem nômades, seminômades ou, frequentemente, exilados, os judeus não tinham propriamente a experiência de morar como algo fixo e permanente. Viviam andando e trocando de lugar. Morar de forma segura e permanente constituía um dos anseios mais profundos do povo (cf. Dt 12,8ss.; Am 9,15; Is 33,20). Mas nunca o alcançaram plenamente. Por isso repetiam: só Deus tem morada permanente no céu e, aqui na terra, em seu Templo santo em Jerusalém (cf. Dt 12,5-14; 1 Rs 8,11); nós somos peregrinos.

Para "morar" usavam a expressão *armar a tenda*, própria dos nômades e ciganos (*shakan*, em hebraico, de onde vem *shekinah*, a presença de Deus a partir de sua tenda), que os Setenta – os primeiros tradutores da Bíblia do hebraico para o grego, no norte do Egito, no primeiro século antes de Cristo – traduziram por *skiásein* ou *episkiásein*, que significa "armar e abrir a tenda" ou, simplesmente, "morar". Note-se que o verbo grego *skiásein* guarda a memória da palavra *skené*, que quer dizer "tenda".

As nuvens formam a tenda de Javé (cf. Sl 18,2; 2Sm 22,12). Por que as nuvens? Por que elas fazem sombra, e a sombra – esta é a teologia dos quarenta capítulos do livro do Êxodo (cf. Ex 40,36-38) – simboliza a presença maternal e protetora de Deus, presença que se revela escondendo e que esconde revelando-se. A nuvem acompanhava o povo nas andanças pelo deserto. Quando se erguia, andavam.

Quando parava, detinham-se. Efetivamente, a nuvem acena para o caráter misterioso da presença de Deus, algo que se vê, mas não se pode agarrar, simultaneamente luminoso, que se dá, e tenebroso, que se retrai, que fascina e que mete medo (cf. Ex 14,20). Tanto a nuvem quanto a tenda produzem sombra. A sombra pode ser vista, mas não agarrada. Sombra e nuvem revelam velando e velam revelando a presença inefável de Deus.

Então temos o seguinte encadeamento de conceitos: ao armarem a tenda entre nós, como o Espírito fez em Maria (cf. Lc 1,35) ou o Verbo em Jesus (cf. Jo 1,14), essas divinas Pessoas passam a morar permanentemente em nosso meio. Esse seu morar significa uma presença viva e real, embora misteriosa e inefável, bem sugerida pela natureza da nuvem e pela da sombra. Por exemplo, quando Salomão consagrou o novo Templo de Jerusalém, narra-se que uma nuvem negra encheu todo o espaço (cf. 1 Rs 8,10-13) para simbolizar: Javé estava aí plenamente presente.

A partir desse entendimento, dizer que São José é a "sombra do Pai" significa reconhecer que nele habita o Pai e que o Pai está presente de forma permanente e densa nele. Nós diríamos, o Pai se personaliza em São José. Mas essa presença do Pai não se anuncia diretamente. Ela se esconde em José. O que se vê é o pai José, mas o que se esconde nele é o Pai celeste.

Essa visão enriquece nossa compreensão da Santíssima Trindade em sua autocomunicação ao mundo. Não só o Filho e o Espírito Santo vieram a nós. O Pai também veio.

Essa visão nos ajuda também a superar a demasiada concentração em Cristo (cristocentrismo e cristomonismo), quebrando o equilíbrio trinitário. Deus-Trindade não se autocomunica em partes, mas em sua totalidade. As Pessoas divinas se entregam às pessoas humanas e o fazem totalmente e sem resto, personificando-se nelas. A afirmação da personificação do Pai em José garante uma visão sinfônica. Foi o que viu um humilde, mas genial frade franciscano, Frei Adauto Schumaker[11].

5 São José, a personificação do Pai

Ele inaugurou a quinta e última etapa do desenvolvimento teológico acerca de São José. Num manuscrito com data da Festa de São José, 19 de março de 1987[12], afirma

---

11. Frei Adauto Schumaker nasceu em 30 de junho de 1910 em Chopinzinho-Palmas, PR, de avós descendentes de poloneses e alemães. Fez-se franciscano em 1927 e foi ordenado em 1933 em Petrópolis, RJ. A partir de 1934 e até 1952 trabalhou na vida pastoral em várias paróquias, com um intervalo de sete anos (de 1939-1946), quando foi revisor tipográfico na Editora Vozes de Petrópolis. A partir de 1952 encontramo-lo no Norte, no Estado do Maranhão, que pertence à Grande Amazônia, como pároco de paróquias rurais até a sua morte, em 2000. Junto a seu trabalho com as pessoas rústicas, desenvolveu altos voos teológicos nos campos da cosmologia, da angelologia, da mariologia, da josefologia e em doutrina trinitária. Escrevia textos densos e os difundia pelo Brasil afora em forma de cópias *xerox*. Grande era sua devoção a São José. Compôs um paralelo à Ave-Maria com o título *São José meditado*: "Salve, José agraciado, / Deus Pai é sempre convosco. / Vós sois bendito entre todos os homens, / esposo santo da Virgem Maria, / escolhido para dar entrada ao Salvador do mundo, Jesus. / São José, pai do Povo de Deus, / guiai nossos passos no caminho da cruz / até a hora de nossa morte feliz. Amém". Além de suas especulações teológicas, inventou um método de taquigrafia que podia ser aplicado a todas as línguas conhecidas, publicado entre 1976 e 1980, em três tomos, sob o título *Taquigrafia congruente*, pela Editora Vozes de Petrópolis.

12. Trata-se de manuscritos, com letra impecável, e xerógrafos para divulgação entre pessoas conhecidas. O primeiro se intitula "Tópicos trinitários", de quatro páginas, sem data. O segundo, "A Trindade Mediadora – Primícias da Redenção", de duas densas páginas, com data de 19 de março de 1987, consta de três capítulos: I. Mariologia: o Pneuma personificado; II. Cristologia: o Filho personificado; III. Josefologia: o Pai personificado. O terceiro, de duas páginas, com o título "A criação eterna e a criação temporal", no qual faz uma lista de 14 expressões de Trindade, uma delas Maria, Jesus e José. O quarto manuscrito é o mais importante para o nosso tema: "Josefologia: o

com todas as letras que São José "é a personificação do Pai". Neto de imigrantes alemães e poloneses vindo do Sul do Brasil, optou por viver como padre franciscano no meio do povo mais abandonado na parte amazônica do Estado do Maranhão, na cidade de Bacabal. Era um gênio de pensamento e de transgressão teórica. Em suas teses, rompia os limites dos dogmas estabelecidos, com respeito à criação, à evolução, ao pecado original, à função cósmica dos anjos e especialmente ao mistério da Santíssima Trindade. Andando a cavalo dias a fio pela vasta floresta pré-amazônica, num mar verde de palmeiras babaçu, visitando camponeses dispersos ou em pequenas vilas quase inacessíveis, tinha tempo para meditar e se entregar aos voos do pensamento livre, que ele punha por escrito e enviava a amigos. Desenvolveu um pensamento que muito lembra Pierre Teilhard de Chardin e que é totalmente trinitário. Via tríades por todas as partes. Afirmava a Trindade divina (Pai, Filho e Espírito Santo), a trindade humana (corpo, alma e espírito), trindade terrestre (Jesus, Maria, José), a trindade cósmica (próton, elétron, nêutron) e assim outras 14 manifestações trinitárias com etc., etc., etc. Em razão de nosso tema, interessa-nos o manuscrito "Josefologia – o Pai personificado"[13]. Antes de tudo sustenta que há três huma-

---

Pai 'personificado'", com data de 19 de março de 1987; traz ainda um Credo atualizado e um Credo resumido. Por fim, um último manuscrito, de uma página, com o título "Salve, São José" (uma oração a São José), seguido de uma Ladainha de São José. Todos esses manuscritos estão em minha posse. Com ele mantive sucessivos diálogos e discussões, por carta e especialmente quando o visitei, em julho de 1978, em Vitorino Freire, pequena localidade no interior do Maranhão, somente alcançável por estrada de chão e barro, após quatro horas de viagem a partir de Bacabal. Aí maduramos juntos estas perspectivas que nos eram então comuns.

13. Cf. a referência na nota anterior.

nações divinas (hipóstases): a primeira por encarnação – Jesus, Deus Filho; a segunda por corporificação – Maria, Deus Mãe (Espírito Santo); e a terceira por incorporação – José, Deus Pai[14]. Em seguida, apresenta sua josefologia. Trata-se antes de um *insight* do que de um resultado de árdua reflexão teológica, como estamos tentando fazer. Mas há um elemento extremamente fecundo em sua intuição: resgatar a arquitetônica e a coerência entre as verdades de fé. Citemos os principais tópicos de sua josefologia:

> Interfusão de josefologia com patriologia. José é Deus Pai humanado, incorporado. É a sua Sabedoria e Discrição eternas, incorporadas no seu substituto na terra, no encargo de chefe da Sagrada Família. É a paternidade divina compartilhada do Pai Supremo [...]. Os três (Jesus, Maria e José) viviam na doce paz do amor divino, mas também numa persistente e cruciante hipertensão espiritual, pois em face da lei eram hereges rompendo com as tradições mais caras ao povo eleito. Submetiam-se ao cumprimento da lei – circuncisão, apresentação, purificação, romaria pascal anual –, mas interpretavam seu procedimento de maneira distinta dos demais, em dolorosa busca de identidade. Conscientizavam-se gradativamente.

Conclui com esta interpelação direta a São José: "José, você deixará de ser mera figura decorativa do presépio. A sua 'protodulia' ainda será mesmo ADORAÇÃO". A ladainha a São José que propõe, com 24 invocações, supera em

---

14. À margem escreveu: "Qual o teólogo que vai circunscrevê-las adequadamente? (Só com a ajuda de inspirações angélicas)". Pessoalmente me fez o desafio de assumir essa tarefa, o que estou realizando agora através deste livro.

longe, na nossa opinião, a ladainha oficial, excessiva nos superlativos, quase indigna do humilde artesão de Nazaré. A de Frei Adauto Schumaker é discreta. Eis algumas invocações: "José, honrado cidadão galileu; modesto operário de Nazaré; patrono dos operários e artífices; José, sensível às inspirações do anjo; confidente íntimo de Maria; educador e confidente do Menino Jesus; José, Deus personificado". Em seu Credo resumido é fiel à sua proposta:

Creio em Deus Pai onisciente, Criador e Glorificador do céu e da terra, incorporado em José, Pai da Igreja. Creio em Deus Filho onipotente, encarnado em Jesus Cristo, Redentor e Salvador do mundo, Cabeça e Coração da Igreja que é seu corpo. Creio no Espírito Santo onipresente, Santificador e Mãe da Criação universal, corporificado em Maria, Mãe da Igreja. Amém.

Estamos diante de uma formulação explícita e sem rodeios da relação hipostática do pai de Jesus, José, com o Pai celeste. Usa-se a expressão *personificação* para expressar a autocomunicação sem reservas do Pai celeste ao pai terrestre.

Estamos diante de um *theologumenon* (tese teológica não oficial do magistério da Igreja nem pertencente à tradição teológica). Nós o assumiremos e lhe procuraremos dar a adequada fundamentação teológica. Será nossa colaboração à intuição desse humilde frade missionário que, como Jesus, não tinha biblioteca, mas sensibilidade apurada às coisas do Espírito.

Estamos conscientes de nossa pretensão que, como vimos, tem já um precedente no século XVII em François-Louis d'Argentan, mas que chegou a sua plena consciência num teólogo caboclo brasileiro. Retomamos essa memória e procuraremos pensá-la, coerentemente, até o fim.

Não faremos, de resto, outra coisa que realizar aquilo que a teologia é chamada a fazer. A Igreja sempre entendeu que pertence à tarefa da teologia esquadrinhar os desígnios de Deus, seja revelados nas palavras das Escrituras, seja na história, seja percebidos pela reflexão que capta sinais e analogias na criação, atenta ainda à conexão entre as muitas verdades de fé.

Para cumprir plenamente sua missão, a teologia não pode ficar refém de suas matrizes de origem nem se ater só aos textos sagrados, à tradição da fé, ao magistério eclesiástico e à reflexão teológica acumulada. Assumindo tudo isso, ela deve procurar ir além[15]. Não por vã curiosidade, mas por sentido de missão e da responsabilidade de trazer à luz dimensões presentes, mas ainda ocultas, do mistério do Deus-Trindade. É nesse contexto que entra a personificação do Pai em São José.

Cumprida sua tarefa, cabe ao teólogo dizer, como no evangelho: *"Somos simples servos e não fizemos outra coisa senão aquilo que tínhamos que fazer"* (Lc 17,10).

---

15. O superior franciscano, ao comunicar a morte de Frei Adauto, começou com este elogio: "Frei Adauto, filho de Deus com coragem de ser original e não fotocópia, filósofo có(s)mico de quilate e de não poucas verdades incômodas, fonte de mil alegrias e de algumas lágrimas, um dos nossos pioneiros nestas regiões".

8

São José do Pai: a personalização

Chegamos agora ao núcleo central de nossas reflexões e à razão principal de nosso livro: mostrar que São José comparece como a personificação do Pai celeste.

De certa forma já preparamos o terreno com as últimas reflexões do capítulo anterior, que abordaram a questão da pertença de São José à ordem hipostática, mais precisamente, de São José como a "sombra do Pai" num sentido não figurativo, mas real e ontológico e, finalmente, com a afirmação clara e incisiva de um franciscano brasileiro acerca da personificação do Pai em São José.

1 Deus é Trindade e se revela assim como é

Agora se trata de assumir os dados anteriores, formular a tese e dar-lhe as razões teológicas de conveniência. Para isso se faz necessário esclarecer, antes de mais nada, dois pressupostos que dão sustentabilidade à tese e sem os quais ela se torna incompreensível.

• O primeiro reza: ao se revelar, Deus se revela assim como Ele mesmo é.

É convicção de todo o Segundo Testamento e das Igrejas cristãs, desde as origens, que Deus é comunhão das divinas Pessoas, Pai, Filho e Espírito Santo[1]. Ele não é a solidão do uno, mas a comunhão dos Três. No início de tudo está a relação. É a relação que entrelaça e une as Pessoas, fazendo que elas sejam uma única Trindade e não três deuses (a heresia do triteísmo). A relação não é algo posterior a elas, mas algo que é dado simultaneamente com as Pessoas. Eternamente e num sentido originário e essencial elas se encontram sempre relacionadas entre si. Fora da relação nenhuma Pessoa existe.

Elas são diferentes para poderem estar eternamente juntas e se unificarem num só Deus-vida-relação-comunhão-amor[2].

A teologia cunhou a expressão, difícil de ser traduzida, *pericórese*[3], para significar a inclusão de uma pessoa na outra, pela outra e com a outra e jamais sem a outra. Pericórese significa a inter-retro-relação de todas as Pessoas com todas as Pessoas, de forma tão íntima e essencial que ela unifica as Pessoas, quer dizer, faz com que elas fiquem um (uni-ficar). A Trindade é, pois, um único Deus-relação, um único Deus-comunhão, um único Deus-amor e um único Deus-vida.

---

1. Para o vasto tema da revelação, cf. a obra sistemática de LATOURELLE, R. *Théologie de la revelation*. Brügge, 1963; uma boa visão de conjunto oferece: DULLES, A. *Revelation Theology*. Nova York: Herder, 1969; MORAN, G. *Theology of Revelation*. Nova York: Herder, 1969; um bom comentário da *Dei Verbum*, do Concílio Vaticano II, que trata da revelação, é de RATZINGER, J. *Das Zweite Vatikanische Konzil* (*Lexikon für Theologie und Kirche*). Freiburg: Herder, 1967, p. 506-515; na perspectiva da teologia da libertação latino-americana, cf. FELLER, V.G. *O Deus da revelação*. São Paulo: Loyola, 1988.

2. Para toda esta questão da Santíssima Trindade, cf. BOFF, L. *A Trindade...*, op. cit., com detalhada bibliografia. Cf. tb. a versão simplificada *A Santíssima Trindade...*, op. cit.

3. Esta questão da pericorese é tratada com detalhe em BOFF, L. *A Santíssima Trindade...*, op. cit., p. 165-189.

Ao se revelar, esse Deus-Trindade se revela, pois, como Trindade, vale dizer, como Pai, Filho e Espírito Santo. O Concílio Vaticano II (1962-1965), na Constituição dogmática *Dei Verbum*, afirma solenemente que "aprouve a Deus, em sua bondade e sabedoria, autorrevelar-se a si mesmo" (n. 2).

Ocorre que autorrevelação é sempre autocomunicação de si mesmo. Autocomunicação é entrega, sem resto, das divinas Pessoas a quem elas se dignarem se autocomunicar. Dada a inclusão de uma com a outra (pericórese), quando uma se autocomunica traz consigo as outras duas, preservada a característica própria de cada uma. Se o Filho se autocomunica a Jesus de Nazaré (encarnação), ele carrega consigo o Pai e o Espírito Santo, embora seja só o Filho que se encarna.

Para a fé cristã é indiscutível que essa autocomunicação se realizou, um dia, em Jesus Cristo. Ele é o Filho de Deus encarnado. O Filho está aí, concreto. Nas palavras comovedoras de São João, ele é *"aquele que nossos olhos viram, nossos ouvidos ouviram e nossas mãos apalparam"* (1Jo 1,1).

Ele traz consigo o Pai, de quem é Filho, e o Espírito que formou sua humanidade ("carne") no seio de Maria.

Se assim é, cabe a pergunta: Aquilo que aconteceu com o Filho não teria acontecido também com o Pai? Não teria acontecido igualmente com o Espírito Santo?

Se admitimos que Deus-Trindade se revela como Trindade, a resposta só pode ser positiva. Na nossa produção teológica de toda uma vida temos sustentado esse tipo de pensamento sinfônico.

• A segunda pressuposição reza: a Família divina, Pai, Filho e Espírito Santo, autorrevelou-se e se autocomunicou à família humana de Jesus, Maria e José.

Como não existe Pessoa divina em si e só para si, mas sempre como Trindade, de forma semelhante não existe pessoa humana em si e só para si, mas sempre como família. Não existe Pessoa divina fora da Família divina. Não existe pessoa humana fora da família humana.

Para entendermos essa implicação precisamos resgatar o significado originário e insubstituível da família. Ela é fundamentalmente um jogo de relações de afeto entre pessoas que decidem viver juntas e a partir das quais emerge a vida. A família é a comunhão de pai, mãe e filho/filha.

Essa perspectiva não tem nada a ver com a ideologia conservadora que propõe a família desvinculada da sociedade, como se fora um oásis preservado, distante das contradições próprias da condição humana. Distanciamo-nos também da família virtual, aquela que surge da geração *in vitro*. Por mais artifícios tecnológicos que se empreguem, nunca se trata de geração do nada, mas sempre de elementos (sêmen, óvulo), cujo lugar natural é a família real. Mesmo que a origem se dê fora da família, é no seio de alguma relação familiar que o novo ser irá crescer e ser educado.

Se isso vale para a família humana, com muito mais razão vale, analogamente, para a Família divina. Por isso a autocomunicação divina não pode ser vista como autocomunicação exclusivamente de uma Pessoa, sem envolver as outras. Se assim não fora, Deus não se autocomunicaria assim como é, vale dizer, como Família divina. A relação originária é entre famílias, a Divina com a humana.

Há uma tradição teológica vinda dos Padres da Igreja ortodoxa grega que entendeu a Santíssima Trindade como

Família divina[4]. Estabelecia as analogias entre a família humana e a Família divina. Assim como na família humana vigora a unidade da mesma natureza (todos são humanos) e, simultaneamente, a diferença das pessoas (pai, mãe e filhos/ filhas são diferentes uns dos outros), semelhantemente na Família divina há uma única natureza na diferença das Pessoas. Vigora ainda uma circulação de vida e de amor tanto na família humana quanto na Família divina. Mas a reflexão se limitava a este tipo de similaridade. Nunca se ousou pensar a personalização da Família divina na família humana.

Coerentes com os pressupostos acima, nós afirmamos a inteira autocomunicação e personalização da Família divina na família humana. Cada uma das Pessoas divinas arma sua tenda sobre uma específica pessoa humana: o Pai em José, o Filho em Jesus e o Espírito Santo em Maria.

Agora vigora plena coerência e sinfonia. Realiza-se o propósito final da autorrevelação de Deus-Trindade, consoante o que ensinava a Constituição dogmática *Dei Verbum*, n. 2, do Concílio Vaticano II: fazer com que os humanos e – nós acrescentaríamos – a natureza e o inteiro universo participem da realidade divina, que é uma realidade familial, comunional e essencialmente relacional.

Se tudo no universo, dizem-nos os físicos quânticos e os cosmólogos contemporâneos, e se tudo na natureza, repetem os modernos biólogos e antropólogos, é relação porque tudo tem a ver com tudo em todos os pontos, em todos os momentos e em todas as circunstâncias, então tudo é reflexo da Santíssima Trindade, que é relação originária e fonte de toda relação real e possível.

---

4. Cf. BOFF, L. *O rosto materno de Deus*. Petrópolis: Vozes, 1979; idem, *Ave-Maria – O feminino e o Espírito Santo*. Petrópolis: Vozes, 1980.

Esses pressupostos nos abrem a possibilidade de postularmos a personificação do Pai celeste no pai terrestre, São José.

2 A personificação do Pai em José

Busquemos as razões de conveniência. Seguiremos o percurso escolhido ao escrevermos, há anos, nosso livro *O rosto materno de Deus*, no qual formulávamos a hipótese teológica (*theologoúmenon*) da personificação do Espírito Santo em Maria[5].

Em primeiro lugar, importa reconhecer que no ser humano existe a possibilidade, um verdadeiro dispositivo que o torna capaz de ser assumido por Deus. É seu caráter de projeto infinito e de abertura ilimitada à Transcendência. Para os cristãos, essa possibilidade e o dispositivo foram ativados por ocasião da encarnação da Segunda Pessoa da Santíssima Trindade, o Filho, em Jesus de Nazaré. Se no ser humano não estivesse presente esse dispositivo, a encarnação teria sido impossível.

Segundo a nossa hipótese teológica, o mesmo ocorreu com Maria. Sobre ela veio o Espírito Santo. Ela disse o seu *fiat* e então o Espírito começou a morar definitivamente nela.

Em segundo lugar, a suprema realização do ser humano só se concretiza quando todas as suas possibilidades, dispositivos e virtualidades chegarem à plena efetivação. Esse nível de plenitude só é possível no termo da evolução, quando tudo na criação e na história chega ao seu termo,

---

5. BOFF, L. *O rosto materno...*, op. cit., p. 106-117.

implodindo e explodindo para dentro da vida da Trindade. Então, também esta possibilidade de ser assumido hipostaticamente por Deus, possibilidade presente em cada ser humano, vai se realizar plenamente. Cada ser humano começará a pertencer a Deus e fará parte de sua história. Só então Deus será *"tudo em todas as coisas"* (1Cor 15,28).

Em terceiro lugar, São José, por ser humano como nós, possui essa disposição de ser assumido por Deus. Como o Espírito se personalizou em Maria e o Filho em Jesus, convinha que José, por ser esposo de Maria e pai matrimonial de Jesus, fosse também assumido pelo Pai. A Deus nada é impossível. Então, nos é lícito dizer com referência à personificação do Pai celeste em São José, *potuit, decuit, ergo fecit!*: Deus pôde fazer, foi conveniente fazer, portanto, fez! São José é a personalização do Pai.

Essa afirmação não possui outra autoridade senão aquela que compete à teologia, como foi dito pelo Concílio Vaticano I: sua missão é pensar os mistérios de Deus e tudo o que a Ele se refere à luz da "analogia com as coisas que a razão conhece naturalmente, da comparação dos mistérios entre si e à luz do fim último do ser humano"[6].

Em quarto lugar, consoante esse ensinamento do concílio, a personificação do Pai em José representa a culminação de uma tendência que as Escrituras atestam, a saber, a progressiva aproximação de Deus com a sua criação, até introduzi-la, através dos seres humanos, à participação de seu mistério mais íntimo, de vida, de comunhão e de amor.

---

6. Cf. o texto em *DS* (*Denzinger-Schönmetzer*). Freiburg: Herder.

O sentido teológico da criação é prestar-se a este desígnio divino, de ser a revelação do próprio Deus, de sua bondade, de sua inteligência e sabedoria (cf. Rm 1,20) e de ser o cálice precioso para receber o vinho bom de Deus, quer dizer, Deus mesmo quando Ele se dignar autocomunicar-se.

3 Categorias bíblicas para a morada de Deus

Há duas categorias bíblicas fundamentais que expressam a aproximação de Deus à humanidade, mais ainda, sua vontade de morar no meio de nós: a aliança e a tenda, com os derivados desta, que são o Templo, a nuvem e a sombra.

Primeiro, a aliança. Ela inicialmente era com a terra, com a vida e com toda a humanidade (cf. Gn 9,11-13). Em seguida se densificou com o povo de Israel, no Monte Sinai (cf. Ex 19-20). O Primeiro Testamento é, em grande parte, a história do destino dessa aliança, das relações de fidelidade ou infidelidade do povo para com essa aliança com Javé.

Numa fase mais avançada da consciência religiosa em Israel, a aliança foi internalizada no coração de cada pessoa. Cada um deve responder imediatamente diante de Deus por sua fidelidade ou infidelidade. É a perene mensagem dos profetas.

Por fim, a aliança chegou à sua culminância na descida do Espírito Santo sobre Maria e do Filho sobre Jesus. Agora, Deus deixa sua transcendência e entra na mais profunda imanência humana. Ele sai de si, oferece-se à acolhida humana e se faz humano. Tal evento bem-aventurado é mais que aliança: é mútua comunhão, é identificação com o outro, respeitando as diferenças. José não podia ficar de fora dessa vontade encarnatória e personalizadora de Deus. O Pai invisível se torna visível nele. José bem poderia dizer, como disse Jesus: *"O Pai está em mim e eu estou no Pai {...}. Eu e o Pai somos uma coisa só"* (Jo 10,38; 14,11; 10,30).

A segunda categoria é a da tenda. Ela é, na linguagem semita, a expressão concreta da morada de Deus. As ressonâncias desta morada se percebem nas palavras *nuvem* e *sombra*, *tabernáculo* e *templo*, como já analisamos anteriormente. Elas expressam a presença própria de Deus que, por um lado, revela-se por sinais como a nuvem no meio do povo, especialmente por ocasião da travessia do deserto rumo à terra das promessas (cf. Ex 40,34-36; 25,8.26) ou da consagração do Templo por Salomão (cf 1Rs 8,10-13). Por outro lado, também se vela sob o manto do mistério, pois Deus não deixa de habitar numa luz inacessível. Mas a presença divina nunca deixou a Terra, a humanidade, o povo e cada um dos fiéis. É a famosa *shekinah*, palavra que se deriva de *skené*, que quer dizer tenda e morada. Existe no judaísmo a mística da *shekinah*, da presença imorredoura de Deus na vida cotidiana e nas muitas peripécias do povo, seja vivendo feliz em sua terra, seja caminhando para o exílio, seja sendo empurrado para as câmaras de gás dos campos de extermínio nazista. Deus nunca abandona os seus.

O verbo *armar a tenda* ou *cobrir com a sombra* (*skenóo, episkenóo*) é a expressão que as Escrituras usaram para traduzir a máxima autocomunicação das divinas Pessoas entre os humanos[7]. Assim, São Lucas usa essa palavra para tra-

---

7. Cf. a análise minuciosa desses verbos em BAUER, W. *Wörterbuch zum Neuen Testament*. Berlim: [s.e.], 1952, sob os verbetes *skenóo* e *skené*.

duzir a vinda do Espírito Santo sobre Maria para morar definitivamente nela (cf. 1,35: *episkiásei*). Da mesma forma, São João expressa o significado da encarnação do Filho, que é armar a tenda entre nós (cf. 1,14: *eskénosen*).

Pela análise dessas palavras entendemos, com boas razões, por que São José foi chamado de "sombra do Pai". Essa sombra é tão real que equivale ao que dizemos numa forma mais direta: São José, "personalização do Pai".

Num momento da história, quando José, confrontado com a gravidez de Maria pelo Espírito Santo, acolhe essa situação e decide não denunciá-la por adultério, mas acolhê-la como sua verdadeira esposa e, por isso, acolhê-la em sua casa, nesse momento José não é apenas o artesão de Nazaré, o noivo de Maria e o homem justo; José passa a ser o suporte humano do evento de infinita bem-aventurança: a vinda do Pai celeste em sua pessoa. A partir de agora o Pai estará definitivamente dentro da humanidade. Agora ingressamos todos, por José, por Maria e por Jesus, na Família divina.

As consequências, para nossa compreensão do mistério de Deus-Trindade-Relação e da condição humana, são incomensuráveis. Eis que se abre um campo novo para a criatividade da teologia, para a piedade e para a expressão desse mistério nas artes humanas.

9
A família divina na família humana

Quando falamos em Deus-Trindade precisamos superar a ambiguidade presente na palavra *trindade*. A palavra sugere o número três, de onde se deriva Trindade: as três Pessoas divinas, ou seja, o Pai, o Filho e o Espírito Santo. Ocorre que em Deus não há número. Se Deus for número, então Deus é um e único e não três. O único não é número, é a negação do número. O três da Trindade deve, pois, ter um significado bem preciso, como veremos.

1 A Santíssima Trindade não é número, é comunhão de diferentes

O maior pensador cristão sobre a Santíssima Trindade, Santo Agostinho (354-430), já havia percebido esse problema. Ele mesmo se pergunta: Por que, então, falar em Trindade de Pessoas? E responde: porque não temos outra maneira de falar daquilo que se manifestou na vida de Jesus e os evangelhos nos comunicaram: a existência de Deus-Pai, Deus-Filho e Deus-Espírito Santo[1].

---

1. Cf. o *De Trinitate, VII*, 4, 7, em edição bilíngue, latim e espanhol *Tratado sobre la Santisima Trinidad* (Madri: BAC 39, 1948). Diz Santo Agostinho: "Que sejam três no-lo assegura a fé verdadeira, ao dizer-nos que o Pai não é o Filho e que o Espírito Santo, dom Deus, não é nem o Pai nem o Filho. Quando se nos pergunta o que são estes Três, esforçamo-nos por encontrar um nome genérico ou específico que abrace os Três, e nada se nos ocorre à mente, porque a excelência infinita da divindade transcende a possibilidade da linguagem"

Deus não se multiplica, enfatiza Santo Agostinho, como se Pai, Filho e Espírito Santo fossem três deuses (triteísmo). Deus é um só e único. Não se cansa de repetir: "A Trindade é o único Deus verdadeiro"[2] ou então: "Deus é a Trindade"[3].

Para termos um mínimo de compreensão daquilo que queremos expressar com a palavra *Trindade*, devemos esquecer, por um momento, nosso modo convencional de ver as coisas. Normalmente as vemos estaticamente, como objetos, colocados uns ao lado dos outros, passíveis de serem enumerados. Se procedermos assim com referência à Santíssima Trindade, então compreenderemos a Trindade como simples número $(1 + 1 + 1 = 3)$. Nem haveria por que parar no três, poderíamos ir ao infinito, como o filósofo Immanuel Kant irônica, mas equivocadamente, observou[4].

Mas podemos ver as coisas de outra maneira: dinamicamente, sempre relacionadas umas com as outras, criando consorciações e laços de comunhão e participação. Essa é, aliás, a lógica do universo, da natureza e da vida, como a moderna cosmologia (visão de mundo) vem afirmando insistentemente: nada existe fora da relação, tudo está inter-retro-conectado com tudo, constituindo uma rede complexa e fantástica de inclusões.

(*De Trinitate VII*, 4, 7). Num outro lugar completa, dizendo: "Quando se nos perguntava o que são esses Três, tínhamos que reconhecer a indigência extrema de nossa linguagem. Dizemos três Pessoas para não guardar silêncio, não como se pretendêssemos definir a Trindade" (idem, V, 9, 10).

2. *De Trinitate*, op. cit., I, 6, 10 e 11.

3. Ibid., VII, 6, 12; V, 4.6.

4. Cf. *Der Streit der Fakultäten*. Berlim: [s.e.], 1917, v. VIII, p. 38-39.

Se quisermos conquistar alguma compreensão da Santíssima Trindade devemos, então, assumir esta maneira de pensar e de ver as coisas. De repente, descobrimos as relações e que tudo é relação. Os próprios nomes usados já supõem relações: não existe Pai sem Filho, nem Filho sem Pai. Não existe o Sopro (é o que significa Espírito) sem que alguém sopre. O Espírito é o sopro do Pai na direção do Filho e o sopro do Filho na direção do Pai.

O número três de Trindade não é um número matemático com o qual se pode somar, diminuir e multiplicar (os Únicos não se somam, por isso são únicos). Ele não deixa de ser número, mas como número se transforma em símbolo e em arquétipo, encontráveis praticamente em todas as culturas do mundo. Pelo número três se quer expressar a unidade na diferença e a diferença na unidade. Tal compreensão foi comprovada convincentemente por um dos pais fundadores da psicanálise, C.G. Jung[5]. O arquétipo três expressa uma relação perfeita e completa. Senão, vejamos.

Se houvesse somente o um, haveria a solidão e a incomunicação. Se houvesse o dois, haveria a separação (um é distinto do outro) e a exclusão (um não é o outro), e a relação entre ambos seria de um frente a frente, numa contemplação narcisista. Havendo o três, surge o diferente, o aberto, a possibilidade de os dois olharem para fora de si na direção do terceiro. O três evita a solidão, supera a separação e ultrapassa a exclusão. O três afirma a identidade (o Pai), abre para a diferença (o Filho) e permite a comunhão (o Espírito).

---

5. JUNG, C.G. *Tentativa de uma interpretação psicológica do Dogma da Trindade*. Petrópolis: Vozes, 1980, p. 109-202 [OC XI].

O três aqui não significa, repetimos, o número matemático, mas a compreensão de que sob o nome Deus se verificam diferenças que não se excluem, mas se incluem; que não se opõem, mas se põem em comunhão. A distinção é para a união através da relação, da comunhão e do amor. Por isso temos escrito em vários lugares deste livro que no início não está a solidão do uno, mas a comunhão dos três: do Pai, Filho e Espírito Santo. Eles irrompem simultaneamente juntos e relacionados. Eles coexistem eternamente um dentro do outro, para o outro, com o outro e jamais sem o outro, na feliz expressão do grande teólogo São João Damasceno: "A semelhança de três sóis, cada um está contido no outro, de sorte que há uma só luz por causa da íntima compenetração de todos com todos"[6]. Trindade quer significar esta circulação de vida, de inclusão e de amor.

A nossa cultura é fundada na segmentação e atomização, vendo cada coisa em si mesma, desconectada e isolada das outras. Por isso, faz-se cega às inter-relações e interdependências que dão origem à percepção de um todo dinâmico e aberto. A partir desse paradigma dominante, os cristãos nela educados têm enorme dificuldade de compreender o discurso da Santíssima Trindade. A própria teologia encarnada na cultura moderna dificilmente consegue romper com essa limitação e mostra pouco interesse em refletir sobre a Santíssima Trindade. E, quando o faz, produz elaborações extremamente formais e abstratas, tornando-se praticamente inacessível à maioria dos cristãos.

---

6. *De fide ortodoxa I*, 8,14, p. 94, 829, 860. Santa Gertrudes († 1302) expressa assim uma visão trinitária que teve: "As três Pessoas irradiavam uma luz admirável: cada uma parecia lançar sua chama através da outra e elas se encontravam todas umas com as outras". Apud OCHL, W. *Deutsche Mystiker II*, p. 39.

Resumindo: se dissermos que Deus é eternamente comunhão de diferentes, estamos, em essência, afirmando o que queremos dizer com a expressão Santíssima Trindade.

2 A Santíssima Trindade é a Família divina

O fato de o Pai, o Filho e o Espírito Santo sempre conviverem num jogo eterno de amor e de doação de um ao outro nos permite dizer que Deus é, então, família, a Família divina. Efetivamente assim falou o Papa João Paulo II a todos os bispos reunidos em Puebla, no México, no dia 28 de janeiro de 1979, quando de sua primeira visita à América Latina e que eu mesmo pessoalmente ouvi: "Já se disse de forma bela e profunda que nosso Deus, em seu mistério íntimo, não é uma solidão, mas uma família, pois leva em si mesmo a paternidade, a filiação e a essência da família que é o amor; este amor, na família divina, é o Espírito Santo".

Essa afirmação é pertinente e absolutamente correta, pois a Santíssima Trindade realiza no modo infinito aquilo que entrevemos na nossa experiência da família humana.

Em primeiro lugar, a família é a coexistência da unidade e da diferença. Há diferentes pessoas: o pai, a mãe e os filhos/filhas; todos são diferentes, mas compõem a única família. Assim na Família divina: as divinas Pessoas são diferentes, mas todas são a única e santa Trindade.

Em segundo lugar, como sublinhou a Carta apostólica de João Paulo II, *Familiaris Consortio* (1981), a família "é constituída por um complexo de relações interpessoais"[7].

---

7. *Familiaris Consortio*, n. 15; cf. tb., de João Paulo II, a Carta às Famílias (1994), onde a mesma ideia é recorrente.

De forma semelhante a Santíssima Trindade é fundamentalmente relações interpessoais simultâneas e eternas.

Em terceiro lugar, o que rege estas relações interpessoais é o amor entre todos os membros, pai-mãe-filhos/filhas, unindo a família. Na Trindade é o amor o laço que une as Pessoas, fazendo com que se uni-fiquem (fiquem um) num só Deus-amor. É o amor, como diz excelentemente Santo Agostinho, que permite que "cada uma das Pessoas divinas esteja em cada uma das outras e todas em cada uma e cada uma em todas e todas estejam em todas e todas sejam somente um"[8].

Em quarto lugar, o amor na família faz com que ela seja uma comunidade de pessoas vivendo a comunhão entre todos e a participação em tudo o que diz respeito a todos. Analogamente, a Santíssima Trindade é "a melhor comunidade", como tinham por lema os representantes das Comunidades Eclesiais de Base de todo o Brasil, reunidos no Brasil Central, na cidadezinha de Trindade, GO, em julho de 1986. A comunhão e a participação entre as divinas Pessoas fazem com que sejam uma comunidade eterna, uma Família divina.

Com isso se supera o vício do individualismo, próprio da cultura ocidental, que vê cada uma das Pessoas separadamente, mas não percebe a essencial relação que cada uma possui com a outra.

Em suma, o que existe em concreto é a Trindade que é Família de Pessoas. Igualmente, o que existe em concreto é a família humana, feita também de pessoas.

---

8. *De Trinitate*, op. cit., VI, 10,12.

Como veremos mais adiante, mesmo que as formas da família variem consoante as culturas e os tempos, e mesmo que o conceito clássico de família se veja transformado pelas mutações do mundo contemporâneo, a razão de ser da família não muda. Ela é o lugar natural e privilegiado de constituição de nossa humanidade concreta. Pelo menos sempre permanece um elemento essencial da família, que é a paternidade e a maternidade. Mesmo que haja procriação artificial, fora do matrimônio, através da tecnologia procriativa, um ser humano nunca "provém de". Ele "não é produzido", mas "vem ao mundo" no seio de uma comunidade social onde precisa de amor e de cuidados para viver e humanamente sobreviver.

3 A Família divina se personifica na família humana

Essa Família divina quis sair de si mesma, deixar sua inefável transcendência e misteriosidade, convidar outra família para comungar e participar de sua inenarrável vida íntima. Ela doou-se então, totalmente, a uma família humana.

Essa família é a humilde família de Nazaré, com José, Maria e Jesus. Essa família humana foi assumida pela Família divina e passou a pertencer a ela. Esse evento de infinita doçura divina e humana ocorreu há mais de dois mil anos, longe das atenções dos grandes deste mundo, num recanto escondido do mundo, numa família que vivia do trabalho em condições simples e pobres, mas imbuída de piedade e unção, na família de Jesus, Maria e José. Ela representa todas as famílias humanas de todos os tempos e de todas as culturas. Todas elas, sob nomes e interpretações diferentes, participam dessa mesma personalização.

De alguma forma, a Trindade celeste preparou essa família para poder ser a trindade terrestre. Aí está Maria, chamada pelos testemunhos escriturísticos de *"cheia de graça"* (Lc 1,28) e *"bendita entre todas as mulheres"* (Lc 1,42); aí está José, chamado de *"homem justo"* (Mt 1,19); aí está Jesus, que *"crescia em estatura e graça diante de Deus e dos homens"* (Lc 2,52).

Aos olhos dos vizinhos, constituem uma família normal, integrada na parentela (cf. Lc 1,39-80). Aos olhos da Trindade se realizava a entrada discreta e silenciosa da Família divina para armar sua tenda na família humana, a fim de fazer todas as famílias participarem de sua comunhão e de sua vida eterna.

Esta perspectiva radicaliza aquilo que os cristãos creem e que foi bem expresso pelo Catecismo da Igreja Católica (1993): a "família é um símbolo e imagem da comunidade do Pai e do Filho no Espírito Santo"[9]. Bem-entendido, não apenas a família cristã, mas toda família humana, sob qualquer signo religioso e temporal. A família de Nazaré se tornou, pela vinda da Sagrada Família a ela, mais que um símbolo e uma imagem. É a própria comunidade do Pai no Filho e pelo Espírito que ganha corpo e se faz história na comunidade de José, de Maria e de Jesus.

Importa enfatizarmos esse lado comunitário e includente da autocomunicação da Trindade antes de falarmos da personalização de cada uma das divinas Pessoas, o Pai em José, o Filho em Jesus e o Espírito em Maria. Assim manteremos o caráter trinitário e comunional do modo cristão de nomear Deus, sempre como comunhão de Pessoas e como Comunidade e Família divina.

---

9. *Catecismo da Igreja Católica*, n. 2.205.

Como a encarnação do Filho no irmão nosso, Jesus de Nazaré, de certa forma tocou todos os seres humanos e também todo o universo (porque somos feitos dos mesmos elementos de que são feitos todos os corpos do universo), como recorda o Concílio Vaticano II[10], de forma semelhante a personificação da Família divina na família humana tocou toda a família humana. Ela ganhou uma marca que não possuía antes, uma relação singular com cada uma das Pessoas divinas.

Através da família humana, também a comunidade biótica, da qual somos um elo, foi tangenciada. Mais ainda, a própria comunidade terrenal e cósmica, a grande família dos seres da Terra e do universo, todos interligados e interdependentes entre si, foram inseridos nesse processo de personificação. Algo do universo, mediante a família sagrada de Nazaré, começa a pertencer a Deus-Trindade e, de certa forma, já está inserido no Reino da Trindade, que representa a destinação última da criação.

4 Uma realidade dinâmica e tensa

Como a sagrada família de Nazaré viveu essa íntima relação com a Família divina? Seguramente não nos termos como nós estamos falando dela agora. Somos herdeiros de mais de dois milênios de reflexão teológica pela qual expressamos, com conceitos de nossa cultura, aquilo que foi a experiência de Jesus e da sagrada família. Essa experiência era de que se sentiam envolvidos em algo misterioso: Maria com o Espírito Santo, que a tornou grávida; Jesus com o Filho, que se encar-

---

10. *Gaudium et Spes*, n. 22.

nou nele; e José, pai *terrestre*, com o Pai celeste, com o qual se sentia em profunda comunhão. Aí estava em ação a realidade da Santíssima Trindade, mesmo que não dispusessem (como nós dispomos) de palavras para expressar essa realidade. Não precisavam sequer ter consciência específica dessa ação, pois o que conta efetivamente não é a consciência reflexa, mas o que a Santíssima Trindade fez objetivamente na vida deles.

Podemos admitir que, seguramente, havia certa consciência de que aí se tratava de uma presença forte de Deus mesmo. Mas essa consciência era uma experiência e não uma formulação intelectual, como a que estamos fazendo agora.

Essa consciência pode ter conhecido níveis de crescimento e de profundidade, como é próprio do processo evolutivo do ser humano. Os textos evangélicos sugerem esse crescimento, que pode comportar surpresas e até perplexidades. Diria: os membros da família de Nazaré, Jesus, Maria e José, cada um a partir de sua singularidade e no jogo das inter-relações que normalmente se estabeleceram entre eles no cotidiano da vida familiar, se ajudavam um ao outro na percepção crescente dessa consciência.

Dois fatos são reveladores: o primeiro, o reencontro de Jesus no Templo, depois de haver-se extraviado da caravana de Nazaré (cf. Lc 2,41-52). Maria e José, como pais normais, preocupam-se e recriminam o filho. Este retruca de uma forma que os surpreende e os faz pensar: *"Não sabíeis que eu devia estar na casa de meu Pai?"* (Lc 2,49). Aqui Jesus revela um estado de consciência já mais avançado, com referência a uma relação singular com o Pai celeste. Lucas comenta: *"Eles não entenderam o que lhes dizia"* (2,50). Mas seguramente os fez pensar e assim os obrigou a crescer. Com razão, diz-se de Maria o que seguramente era compartilhado também por José: Maria *"guardava todas estas coisas em seu coração"* (Lc 2,51). Esse tipo de relacionamento, tenso e nada fácil, permitia que o nível de consciência de seu envolvimento com Deus crescesse entre eles.

O segundo fato, de certa forma até escandaloso para os ouvidos piedosos, é o que ocorreu logo no começo da vida pública de Jesus. Ele saiu de casa, por conta própria, e começou a pregar pela Galileia. São Marcos, o evangelista mais antigo e que mais fatos históricos conservou, diz que os parentes foram procurá-lo porque ele os fazia passar vergonha e que, por isso, queriam agarrá-lo. Diziam: *"Ele está maluco"* (Mc 3,21). Outra vez, diz-se que *"chegaram sua mãe e seus irmãos e mandaram chamá-lo {...}. Jesus respondeu: 'Quem é minha mãe e meus irmãos?' E, passando os olhos pelos que estavam sentados à sua volta, disse: 'Eis aqui minha mãe e meus irmãos {...}; aquele que fizer a vontade de Deus, esse é meu irmão, minha irmã e minha mãe'"* (Mc 3,31-35; Mt 12,46-50; Lc 8,19-21).

A lição que se quer passar aqui não é de menoscabo de sua mãe Maria e de seus familiares, mas a afirmação de um novo tipo de família ampliada, que surge pela fé na pregação de Jesus. Essa família transcende os laços de sangue convencionais. A fé funda a nova comunidade, fé esta que sua mãe mostrou exemplarmente na anunciação dizendo seu "sim" ao anjo, o que lhe mereceu o louvor de sua prima Isabel: *"Feliz é aquela que creu no cumprimento do que lhe foi dito da parte do Senhor"* (Lc 1,45).

Nota-se, portanto, um desnível de consciência entre Jesus, sua mãe e seus familiares. Novamente, tal fato deve ter ajudado a Maria e a eles a crescerem na consciência do mistério que os envolvia.

Em outras palavras, o fato de a Família divina se personificar na família humana de Jesus, Maria e José não tolhe as limitações de ciência e de consciência inerentes à condição humana. O importante não é o que pensam e conscientizam em sua subjetividade. O decisivo é o que a Família divina, mesmo dentro destas limitações humanas que ela assume, está fazendo na família de Nazaré. A personificação é um processo que acompanha as várias fases e situações da família terrestre. A Família divina as vai assumindo à medida que elas se realizam.

Uma correta teologia da encarnação nos ensina que o Verbo vai assumindo a natureza humana à medida que ela vai se manifestando, mesmo com todas as mazelas que encerra, menos o pecado. Quando São João diz que "*o Verbo se fez carne*" (Jo 1,14) com a palavra *carne* quer expressar a situação humana limitada, doente e mortal. Nessa carne – e não apesar dela – o Verbo armou sua tenda definitiva. Essa mesma lógica preside a personalização da Família divina na família humana.

Essa compreensão realista impede uma visão estática, lírica e ingênua, predominante nos textos de edificação e de piedade. Ela nos convida a pensar dialeticamente a relação da Família divina com a família humana. Esta vai sendo assumida com suas perplexidades, com seus constrangimentos, com seus longos silêncios, com suas discretas alegrias e satisfações, pois tudo isso pertence à normalidade de uma família humana. Não *apesar disso*, mas *com isso* se deu a inefável assunção da família humana por parte da Família divina.

10
O pai celeste no pai terrestre

A Família divina do céu se personifica na sagrada família da terra. Queremos agora considerar especificamente a personificação do Pai no pai José. Deve haver conaturalidades entre ambos, razões para o Pai se autocomunicar totalmente ao pai José e somente a ele.

A iniciativa de assumir a pessoa de José é do Pai em sua inenarrável bondade e simpatia. Se assim é, precisamos, então, antes de mais nada procurar entender melhor quem é o Pai[1]. O caminho mais seguro é indagarmos o que o Filho encarnado nos comunicou acerca de seu Pai eterno. Ele nos revelou o ser do Pai, o seu fazer e o seu modo de relacionar-se. Vejamos cada um desses passos.

1 O ser, o fazer e o relacionar-se do Pai

Os testemunhos do Segundo Testamento são claros: *"Deus mora numa luz inacessível que ninguém viu nem pode ver"* (1Tm 6,16). Ou: *"A Deus ninguém viu. O Filho unigênito que*

---

1. Cf. alguns títulos: JEREMIAS, J. *Abba* – Studien zur neutestementlichen Theologie. Göttingen: [s.e.], 1966; DURVELL, F.-X. *Le Père*; Dieu et son mystère. Paris: Cerf, 1993; BOUYER, L. *Le Père invisible*. Paris: Cerf, 1976; GALOT, P. "Pour une théologie du Père". *Esprit et Vie*, 94 (1984), p. 497-503, p. 661-669; 95 (1985), p. 293-304; LE GUILLOU, M.-J. Il *mistero del Padre*. Milão: [s.e.]: 1979; BOFF, L. *O Pai-nosso*, op. cit.; idem. *A Trindade...*, op. cit., p 203-217; vários, *Il mistero Del Padre*. Collevalenza, 1983; cf. todo o número 163 da revista *Concilium* (1981).

está no seio do Pai foi quem no-lo deu a conhecer" (Jo 1,18; 6,46; 1Jo 4,12); Jesus mesmo disse claramente: *"Ninguém conhece o Pai senão o Filho e a quem o Filho o quiser revelar"* (Mt 11,27). O Pai é invisível e mistério abissal, um princípio sem princípio. Diante dele cabe o silêncio, pois toda palavra seria tagarelice. Por isso podemos falar do silêncio do Pai. Sua Palavra é o Filho.

Entretanto, esse mistério de silêncio abissal não é aterrador, mas fascinante, pois é um abismo de amor, de ternura e de acolhida. É o que revela Jesus ao chamar o Pai com palavra de infinita intimidade e ternura: *Abbá*, meu querido paizinho.

Esse modo de falar mostra o íntimo amor do Filho para com o Pai, a ponto de Jesus dizer na linguagem dos amantes: *"Eu e o Pai somos uma coisa só"* (Jo 10,30); ou ainda: *"Tudo o que é meu é teu e o que é teu é também meu"* (Jo 17,10). Consequentemente, *"quem vê a mim, vê o Pai"* (Jo 14,9). Portanto, é através do Filho que o ser do Pai se torna visível e acessível a nós (Jo 1,18; 14,9). Caso contrário Ele permaneceria em seu silêncio eterno.

Se este é o ser do Pai, é pelo seu fazer que se revela mais quem Ele é. O silêncio é operativo, de quem trabalha e cria. O fazer do Pai é modelo para o fazer de Jesus: *"O Filho nada pode fazer por si mesmo; ele só faz o que vê o Pai fazer"* (Jo 5,19). O fazer é obra das mãos e não da boca.

O fazer do Pai é em favor de seus filhos e filhas, para os quais mostra seu amor misericordioso, a acolhida incondicional do filho pródigo e a predileção pelos pobres e marginalizados. Se Jesus diz *"felizes de vocês, pobres, porque de vocês é o Reino"* (Lc 6,20), não é por um sentido meramente humanitário, mas em virtude da opção do Pai por eles: *"O*

Pai ressuscita os mortos e lhes dá a vida, assim também o Filho dá a vida a quem quiser" (Jo 5,21). Jesus não prega nenhuma doutrina sobre o Pai, faz a mesma coisa que o Pai faz. Por isso, cura, relativiza as prescrições legais, passa por cima do sacrossanto dia de sábado, anda com pessoas de má companhia para mostrar a misericórdia do Pai, perdoa pecados e ressuscita mortos. E arremata dizendo: *"Meu Pai trabalha até o presente e eu também trabalho"* (Jo 5,17).

O trabalho do Pai é sutil, só perceptível para quem tem olhos de fé. Aí vê sua ação de cuidado para com os lírios do campo, com as aves do céu, com cada cabelo de nossa cabeça e com as simples necessidades humanas de comer e de vestir (cf. Mt 6,26-32).

A grande obra do Pai que Jesus assumiu como missão sua é instaurar definitivamente o seu Reino. Reino de Deus-Pai não é o reino convencional dos poderosos que se impõem pela dominação. Reino de Deus é um novo modo de ser das coisas e um novo estado de consciência das pessoas. O Reino que está em nosso meio (cf. Lc 17,21) é aquela situação das coisas e das pessoas quando nelas prevalecer a bondade, o amor, a compaixão e o direito do pobre; quando a criação inteira começar a ser libertada, as doenças curadas, os pecados perdoados e a morte vencida. Esse Reino começa na medida em que as pessoas se engajam nesta alvissareira proposta (evangelho). O Reino está em curso, sempre aberto para a frente, na forma de uma esperança, objeto de permanente súplica: *"Venha a nós o vosso Reino"* (Lc 11,2; Mt 6,10).

Por fim, ao Pai se atribui a criação do céu e da terra, como rezamos no credo cristão. Sabemos que, pela comunhão trinitária, todas as Pessoas divinas participam da criação. Mas pertence ao conceito de Pai o "gerar" e criar, embora Ele o faça sempre junto com o Filho e na força do Espírito. Como Pai cria e como Mãe cuida. Por isso o Pai é maternal e a Mãe é paternal[2]. Tudo nele é envolto de amor, sabedoria, simetria, ordem, criatividade, como se lê na lógica do universo e da vida. O próprio caos existente não é caótico, mas generativo de novas ordens e complexidades.

Sobre seu Filho Jesus o Pai deixou ouvir a voz: *"Este é meu Filho muito amado em quem pus todo o meu carinho"* (Mt 3,17), mensagem que os cristãos creem que é dita sobre cada filho e cada filha que vêm a este mundo. Esse amor se dirige a todos, pouco importa sua situação moral, pois, qual Mãe bondosa, acolhe e perdoa o filho pródigo (cf. Lc 15,11-32), dá o sol e a chuva a justos e a injustos e continua a amar os ingratos e maus (cf. Lc 6,36). A ternura de Jesus para com todos espelhava o amor ilimitado do Pai: *"Todo aquele que o Pai me der, virá a mim; e quem vem a mim eu não mandarei embora"* (Jo 6,37). Jesus, imitando o Pai, acolheu a todos: fariseus que tramam contra Ele e que o convidam para comer; um teólogo envergonhado, Nicodemos; crianças; a mulher samaritana; e os leprosos que lhe gritavam de longe: "Senhor, cura-nos".

2 O Pai é Pai do Filho antes de ser o Criador

O Pai é Pai porque tem junto de si o Filho e o Espírito Santo. Tanto o Segundo Testamento quanto o discurso oficial dos concílios ecumênicos e das Igrejas afirmam que

---

2. Cf. BOFF, L. *A Trindade...*, op. cit., p. 210-211; MOLTMANN, J. "O Pai maternal". *Concilium*, 163, 1986, p. 60-66; ALMENDARIZ, L.M. "El Padre maternal". *Estudios Eclesiásticos*, 58, 1983, p. 249-275.

o Pai "gera" eternamente o Filho e "espira" junto com o Filho ou através do Filho o Espírito Santo. Assim, Ele é Pai antes de ser o Criador. Criando, Ele se faz Pai de todos os seres. Mas, mesmo que não houvesse criado nada, o Pai seria Pai porque Ele eternamente "gera" o Filho e "espira" o Espírito Santo.

As expressões *gerar* e *espirar*, devem ser bem-entendidas no seu sentido analógico e não físico. Caso contrário nos podem induzir a uma compreensão errônea da Santíssima Trindade. *O gerar* parece supor que o Pai vem antes, que Ele seja causa do Filho, como nosso pai vem antes e gera um filho/filha. Se assim fosse, então haveria uma espécie de teogonia em Deus, quer dizer, um processo pelo qual as Pessoas se derivariam umas das outras, viriam a ser e chegariam à luz.

Na reflexão trinitária não pode ser assim. Aqui tudo é eterno e simultâneo. Ninguém é antes ou depois, não há hierarquias. As divinas Pessoas emergem juntas e simultaneamente, sempre inter-relacionadas entre si. Ensinava o Concílio de Toledo (675): "Sem início e antes dos séculos, o Filho é nascido da substância do Pai"[3]. O mesmo vale para o Espírito Santo, como enfatizou o Concílio de Latrão (1215): "Ele é sem início, sempre e sem fim, sendo consubstancial, coonipotente e coeterno"[4].

Em razão da ambiguidade das palavras, muitos teólogos, ao invés de "geração" e "espiração", preferem falar de "revelação": o Pai revela o Filho e o Filho revela o Pai; ambos, ao se autodoarem, revelam o Espírito Santo[5].

---

3. Denzinger-Schönmetzer, 526.

4. Idem, 800; cf. 850, 1.331, 1.986.

5. Para toda esta intricada questão, cf. BOFF, L. *A Trindade...*, op. cit., p. 172-185.

Por outro lado, devemos admitir que as expressões *geração* e *espiração* são altamente sugestivas. Elas possuem uma lógica relacional interna, pois dizer Pai, Filho e Espírito Santo (Sopro) é significar a diferença e, ao mesmo tempo, a inter-relação. O Pai será sempre Pai do Filho, o Filho será eternamente Filho do Pai, com a mesma natureza do Pai e em comunhão infinita com Ele. O Espírito (o Sopro) será sempre e desde sempre o dom do Pai e do Filho. A Palavra (Filho) que o Pai diz, vai sempre acompanhada pelo Sopro (Espírito).

Esse círculo de comunhão e de amor não se fecha sobre si mesmo. Abre-se à comunhão com o universo, como expressão da superabundância de vida e de amor da Trindade. As divinas Pessoas saem de si e se autodoam e se personificam nas pessoas humanas de José, de Maria e de Jesus.

3 José, pai terrestre conatural ao Pai celeste

Em José de Nazaré, no artesão-carpinteiro, no esposo e no pai de Jesus, o Pai encontrou a pessoa conatural a Ele. Nele decidiu se personificar.

O Pai é invisível. José é igualmente invisível, consoante os textos do Segundo Testamento. É invisível ao largo dos séculos de existência cristã. Só lentamente se ergueram os véus que cercavam seu mistério. Mas continua ainda invisível. E assim seguramente permanecerá, pois é conatural à sua natureza e missão: personificar o Pai invisível. Escreve Joseph Ephraïm, conhecido josefólogo: "O Pai, mistério invisível em sua pessoa, incompreensível em seu ser e em sua obra, escolheu José para ser sua imagem na Terra; por isso São José é também como que invisível e escondido aos nossos espíritos"[6].

O Pai é silêncio abissal. José é o protótipo do silêncio. Não nos deixou nenhuma palavra, apenas sonhos. Sua fala não é por palavras, mas por atitudes, gestos, compromissos de pai e de esposo. Ele dá forma ao silêncio do Pai.

O Pai é o "artesão" do universo, como diziam os Padres da Igreja latina e grega, pois Ele criou, junto com o Filho e o Espírito, todas as coisas do céu e da terra. José é artesão-carpinteiro que trabalhou em sua oficina junto com seu filho Jesus em Nazaré e, provavelmente, na cidade vizinha de Séforis, ao ser reconstruída a mando dos romanos. Trabalhar é relacionar-se positivamente com a criação, é transformá-la para atender às nossas necessidades, é cuidar dela, pois somos seus guardiães e jardineiros, como deixa claro o livro do Gênesis (cf. 2,15). O Pai trabalha por meio do trabalho de José. Como sói acontecer, o trabalho representa o universo dos anônimos, o mundo do cotidiano no qual vive a grande maioria da humanidade, mundo sem notoriedade, mas essencial para a produção e reprodução da vida e lugar privilegiado da autorrealização humana. O Pai personificado em José penetrou neste mundo, semelhantemente seu Filho Jesus, que ao encarnar-se assumiu todas as possibilidades e limitações da condição humana. O Pai cuida de sua criação e de cada filho e filha. José, por sua vez, cuidou da sagrada família nos vários momentos por que passou. Cuidou que, com seu trabalho, nada faltasse à esposa e ao filho.

---

6. EPHRAÏM, J. *Joseph, un père...*, op. cit., p. 108.

A relação de intimidade de Jesus para com o Pai celeste, chamando-o de *Abbá*, deriva-se, como nos assegura a psicologia religiosa, da experiência que viveu com seu pai terrestre José. Curiosamente, as experiências convergem e se identificam: o Pai celeste é encontrado no pai terrestre.

4 São José tinha consciência de ser a personificação do Pai?

Para a validade desta experiência de identificação, não é imprescindível que Jesus a tenha vivido conscientemente e percebido José como a personificação do Pai. Basta que tenha vivido radicalmente sua relação para com o Pai celeste e para com o seu pai terrestre.

Trata-se de um movimento só, como no amor a Deus e no amor ao próximo, que funda um único mandamento, o mandamento do amor (cf. Mt 22,37-40). Uma experiência ajuda a despertar a outra, de forma que Jesus se sentia, de verdade, Filho do Pai e, ao mesmo tempo, filho de José.

Nessa mesma linha de pensamento devemos entender a situação de São José como a personificação do Pai. Ele não precisava ter vivido com plena consciência esse fato histórico-salvífico, mesmo porque não nos deixou nenhuma palavra e nenhum texto. Mas há outros caminhos que nos fazem entender os limites da consciência. São aqueles percorridos pela própria vida em seu desenrolar normal.

Se bem repararmos, as principais coisas de nossa vida não ocorrem no âmbito da consciência, mas do profundo do próprio ato de viver. Esse lança raízes na memória ancestral, cósmica, biológica, humana e pessoal, cuja característica é ser, em sua grande parte, inconsciente, numa pequena parte subconsciente e numa pequeníssima parte consciente. Nosso sangue corre pelas veias, o coração pulsa, nosso sistema digestivo funciona sem que isso passe pela consciência. A base biológico-material de nosso pensamento reside nos bilhões e bilhões de neurônios e nas milhões e milhões de sinapses e conexões que se estabelecem entre eles. E contudo, pensamos e sentimos sem ter a mínima experiência e consciência desse trabalho fantástico de nosso cérebro. A Terra gira sobre si mesma com grande velocidade e está em rota de fuga numa velocidade de milhares de quilômetros por segundo. E disso não temos nenhuma consciência nem o sentimos.

Que sabemos nós de nossa vida? A quem estamos, finalmente, servindo? Em que quadro maior somos inseridos como parte e parcela? Essas dimensões, tão fundamentais em nosso viver, escapam à elaboração de nossa consciência. E, contudo, estão se realizando em nós e por nós.

Por isso, devemos relativizar a subjetividade, tão exacerbada na moderna cultura ocidental. Seu âmbito de realização e atuação é bem limitado. Já os sábios hindus ensinavam: "A força pela qual o pensamento pensa não é pensada". Ou numa formulação mais moderna: "O olho vê tudo, mas não pode ver a si mesmo", pois "o olho que vê o mundo é o mundo que o olho vê".

Então, se assim é, seja-nos permitido dizer: a força pela qual José é a personificação do Pai, transcende a consciência[7]. O importante reside no fato de José ter sido plenamente pai, ter realizado conscienciosamente o que cabe

---

7. Para esta questão, cf. BOFF, L. *O evangelho do Cristo cósmico*. Petrópolis: Vozes, 1971; BOFF, L. *Jesus Cristo Libertador*, op. cit., p. 83-95.

ao pai realizar, ser um pai que entretinha uma relação íntima com seu Deus, entregando-se a Ele confiadamente e incondicionalmente. Quando São Mateus garante que ele era *"um homem justo"* (Mt 1,19), está implícito que realizava exemplarmente tudo o que devesse e precisasse realizar. Basta esse modo de ser para expressar a presença do Pai em sua vida de pai, esposo e trabalhador.

Estamos mergulhados em Deus não apenas através da plena consciência, mas na totalidade de nosso ser, inconsciente, subconsciente, consciente, na sua dimensão cósmica, biológica, vegetal, animal, humana, racial, familiar e pessoal. Essas mesmas dimensões foram assumidas pelo Pai ao personificar-se na pessoa e na vida concreta de José de Nazaré.

11
A família à luz da sagrada família

Antes de abordarmos, esquematicamente, a questão complexa da família, faz-se mister conscientizar uma verificação, sem a qual toda a nossa reflexão se apresenta viciada ou condenada ao utopismo. É o fato de que a família, mais que qualquer outra realidade, participa da ambiguidade inerente à condição humana, que nos faz simultaneamente dementes e sapientes, sim-bólicos e dia-bólicos, numa palavra, nos revela a coexistência viva de contradições. Por isso, por um lado, encerra altíssimos valores e, por outro, contém deformações lamentáveis. Daí viver a família em permanente crise, com chances de acrisolamento (vem da palavra *crise*) e de crescimento ou, também, com riscos de decadência e de deterioramento de sua situação.

1 Família: utopia e realidade

Nem por isso desaparece em nós a dimensão utópica. Recusamo-nos a aceitar passivamente a situação decadente. Queremos superá-la. Não secundamos um pragmatismo preguiçoso, sem sonhos e destituído de vontade de melhoramento, que simplesmente administra a crise tirando vantagens onde pode, mas sem um projeto de criação de novos modelos de convivência. Infelizmente, essa é a tendência dominante, particularmente, no quadro da Pós-modernidade, para a qual qualquer coisa vale (*anything goes*) ou só vale o que está na moda.

Entretanto, uma pessoa ou uma sociedade que já não sonha e que não se orienta por utopias escolheu o caminho de sua decadência e de seu desaparecimento. Sem utopia não se alimenta a esperança. Sem esperança não há mais razões para viver, e o desfecho fatal é a autodestruição. Por isso é de fundamental importância a dimensão utópica em tudo o que empreendemos, também com referência à família, mesmo com a consciência de que jamais alcançaremos a utopia. Não obstante isso, esta desempenha função insubstituível, pois ela relativiza as realizações histórico-sociais e mantém a história sempre aberta. Numa palavra, a utopia nos faz andar. Jamais alcançaremos as estrelas. Mas que seriam nossas noites sem elas? São elas que espantam os fantasmas da escuridão e nos enchem reverência face à grandeza e à majestade de um céu estrelado.

Precisamos, portanto, de uma utopia para a família, para que continue humana, lugar de realização a dois no amor e na confiança, digna de procriar novas vidas para o universo e para Deus[1].

---

1. A bibliografia sobre a família e o matrimônio é infindável. Como não pretendemos erudição sobre o assunto, cf. os seguintes estudos, a título de orientação: *Concilium* 55 (1970) e 260 (1995); BACH, J.M. *O futuro da família*: tendências e perspectivas. Petrópolis: Vozes, 1983; BACH, J.M. *Evolução do amor conjugal*. Petrópolis: Vozes, 1980; SCHILLEBEECKX, E. *O matrimônio*: realidade terrestre e mistério de salvação. Petrópolis: Vozes, 1969; VIDAL, M. *Moral do matrimônio*. Petrópolis: Vozes, 1982; um casal de leigos cristãos, AZEVEDO, E.B.M. & AZEVEDO, L.M.M. *Matrimônio*: para que serve este sacramento? Petrópolis: Vozes, 1997; CNBB. *Casamento e família no mundo de hoje*: textos seletos do magistério eclesial. Petrópolis: Vozes, 1994; BOFF, L. "O sacramento do matrimônio: símbolo do amor de Deus para com os homens no mundo presente". In: *O destino do homem e do mundo*. 10. ed. Petrópolis: Vozes, 2002, p. 137-156.

Quando confrontamos, entretanto, a família humana com a Família divina e a sagrada família de Nazaré, essas contradições que referimos saltam aos olhos. O risco é a produção de um discurso paralelo: exaltar, por um lado, as excelências da Família divina e sagrada de Nazaré e apontar, por outro, as mazelas da família humana, sem um real confronto entre elas.

Outro risco, mais frequente nos documentos do Magistério e nos púlpitos das igrejas, é apresentar, por cima das cabeças, a utopia cristã da família, sem tomar a sério os desafios que vêm da família concreta, sob a pressão violenta de transformações de toda ordem. O discurso oficial, então, soa irrealista, sem responder às demandas reais dos cristãos. Nosso percurso, por sumário que seja, procura manter a dialética entre o utópico e o real contraditório, arrancando dos desafios do real para, então, confrontá-lo com o utópico. Dessa forma, esperamos fazer justiça às duas dimensões, criando espaço para inspirações que incentivem a criatividade dentro do quadro histórico-social que nos toca sofrer e viver.

2 A família e as transformações histórico-sociais

A família padece pesadamente das influências da cultura dominante, hoje mundializada. Esta se caracteriza por processos sociais que colocam a economia como eixo estruturador de tudo. Essa economia e seu maior instrumento, o mercado, regem-se por uma feroz competição, deixando totalmente à margem a cooperação e os valores da solidariedade, fundamentais para a vida humana e para a família.

Ela trouxe inegáveis benefícios para a condição humana, mas também a agravou, porque está mais interessada em oferecer bens materiais do que qualquer outra coisa. Os valores não materiais, ligados à gratuidade, ao amor, à solidariedade, à fraternidade, à troca e à espiritualidade, ocupam um lugar irrelevante, quando não são feitos também mercadorias, colocadas na banca do mercado.

Ora, desses valores vive fundamentalmente a família Isso significa que nossa cultura não oferece condições suficientes para a família viver sua normalidade e seu sonho. Antes, destrói, para a grande maioria das famílias, a infraestrutura que lhes permite subsistir, viver o amor e exercer o cuidado para com os filhos/filhas. Isso porque a acumulação é pessimamente distribuída. Essa injustiça social globalizada dá origem a milhões e milhões de famílias empobrecidas, marginalizadas e excluídas. Separações e divórcios campeiam de forma assustadora. As maiores vítimas são as crianças, a quem se negam as condições fundamentais que ocorrem nos três primeiros anos, de elaborar, em contato com a mãe e, em seguida, com o pai, as disposições básicas que vão orientar toda a vida: o sentimento de pertença, a percepção de cuidado, de proteção e de valores fundamentais que orientam toda a vida.

Como se depreende, esse tipo de organização social não prima pelo cultivo de valores nem se submete a critérios éticos coletivos, que ultrapassam interesses individuais. A dimensão espiritual é privatizada ou se apresenta extremamente anêmica. Tal atmosfera não propicia ambiente favorável a uma família bem integrada e sadia, nem lhe subministra motivações para resistir aos apelos da erotização generalizada dos meios de comunicação, que tanto debilitam os laços da fidelidade e do afeto conjugal, nem lhe oferece auxílios em momentos de crise.

A esse cenário familiar dramático somam-se ainda as profundas transformações sociais e tecnológicas, que afetam pesadamente o estatuto da família. As formas tradicionais de família estão em vias de desaparecimento.

A família clássica, patricentrada, que distribuía os papéis consoante o gênero, privilegiando o esposo e pai, está cedendo lugar à família participativa, onde marido e mulher assumem todas as tarefas num sentido cooperativo, aspecto esse que deve ser positivamente valorizado.

O que está se impondo hoje por causa da urbanização acelerada do mundo é a família nuclear: pai/mãe e filhos/filhas. Esse tipo de família, por força do regime de trabalho do casal (ambos trabalham fora), terceiriza funções que antes eram próprias da família: o cuidado do bebê por uma babá ou empregada e, depois, pela creche, a arrumação da casa, a preparação da comida, o cuidado pelos idosos e doentes. Ao casal restam as relações intersubjetivas do afeto e do companheirismo.

A família ampliada, que engloba a todos do mesmo laço de sangue, tende, especialmente nas metrópoles, a se diluir. A grande família, que encerrava a todos os que viviam sob o mesmo teto, familiares, parentes, inquilinos e empregados, ficou reservada, praticamente, a alguns grandes latifundiários de terras que vivem relações arcaicas.

A família dos ancestrais se restringiu às famílias por algum título notável. Elas ainda cultivam tradições e memórias genealógicas, mas geralmente o fazem num sentido socialmente conservador e elitista.

3 Desafios das novas formas de coabitação

Ao lado das famílias-matrimônio, que se constituem no marco jurídico-social e sacramental, mais e mais surgem as famílias-parceria (coabitação e uniões-livres), que se formam consensualmente fora do marco institucional e perduram enquanto houver a parceria, dando origem à família consensual não conjugal.

A introdução do divórcio dá lugar a famílias unipessoais (a mãe ou o pai com os filhos/filhas) ou multiparentais (com filhos/filhas provenientes de matrimônios anteriores), com conhecidos problemas de relacionamento entre pais e filhos/filhas. Por fim, crescem no mundo todo as uniões entre homossexuais (homens e mulheres), que lutam pela constituição de um quadro jurídico que lhes garanta estabilidade e reconhecimento social.

Como conceituar a família face às várias formas como ela está se estruturando? Um especialista brasileiro, Marco Antônio Fetter, o primeiro entre nós a criar a Universidade da Família, com todos os graus acadêmicos, assim define: "A família é um conjunto de pessoas com objetivos comuns e com laços e vínculos afetivos fortes, cada uma delas com papel definido, onde naturalmente aparecem os papéis de pai, de mãe, de filhos e de irmãos"[2].

---

2. Cf. FETTER, M.A. "Família: os desafios de uma instituição em crise". *Correio Riograndense*, 29 out. 2003, p. 11. Diz ainda Fetter: "Existem famílias idiossincráticas que, antigamente, seriam consideradas absurdas: uma família formada por duas lésbicas, uma tem um filho de um rapaz, outra tem o filho de outro, e elas formam uma família muito organizada – uma funciona com o papel fálico e outra, mais como mãe [...]; um grupo de irmãos pode constituir uma família, desde que um deles assuma o papel de pai, outro de mãe, enfim, que estejam presentes os três subsistemas básicos que normalmente formam uma família: o conjugal, o filial e o fraternal. Onde existem os papéis para esses subsistemas, posso afirmar que há uma família"; op. cit., p. 11. Para informações sobre a Universidade da Família, cf. na internet o site: www.unifan. com.br; e o e-mail: mafetter@terra.com.br

Transformação maior, entretanto, ocorreu na família com a introdução de preservativos e de anticoncepcionais, hoje incorporados à cultura como algo normal, fazendo com que o discurso contrário da Igreja hierárquica católica pareça extemporâneo e, no caso da Aids, até cruel. É uma voz que soa em pleno deserto. Sequer os próprios cristãos fervorosos lhe dão ouvidos. Com os preservativos e a pílula, a sexualidade ficou separada da procriação e do amor estável.

Mais e mais a sexualidade, bem como o matrimônio, são vistos como chance de realização pessoal, incluindo ou não a procriação. A sexualidade conjugal ganha mais intimidade e espontaneidade, pois, pelos meios contraceptivos e pelo planejamento familiar, fica liberada do imprevisto de uma gravidez não desejada. Os filhos/filhas deixam de ser consequência fatal de uma relação sexual, mas são queridos e decididos de comum acordo. Essa perspectiva é libertadora, não obstante o risco do individualismo e do fechamento da família sobre si mesma.

A ênfase na sexualidade como realização pessoal propiciou o surgimento de formas de coabitação que não são o matrimônio. Expressão disso são as uniões consensuais e livres sem outro compromisso que a mútua realização dos parceiros ou a coabitação de homossexuais, homens e mulheres. Tais práticas, por novas que sejam, devem incluir também uma perspectiva ética e espiritual. Importa zelar para que sejam expressão de amor e de mútua confiança. Se houver amor, para uma leitura cristã do fenômeno, ocorre algo que tem a ver com Deus, pois Deus é amor (cf. 1Jo 4,12.16). Então, não cabem preconceitos e discriminações. Antes, cumpre ter respeito e abertura para entender tais fatos e colocá-los também diante de Deus. Se as pessoas comprometidas assim o fizerem e assumirem a relação com responsabilidade, não se lhes pode negar relevância religiosa e espiritual. Cria-se uma atmosfera que ajuda a superar a tentação da promiscuidade e reforça-se a fidelidade e a estabilidade, que são bens de toda relação entre pessoas, seja por via do matrimônio, seja por meio de outra forma de coabitação.

Se há sexo sem procriação, pode haver procriação sem sexo. Trata-se do complexo problema da procriação *in vitro*, da inseminação artificial e do "útero de aluguel". Toda essa questão é extremamente polêmica, em termos éticos e espirituais, e não parece que se tenha chegado a um consenso, seja na sociedade, seja nas Igrejas. Geralmente a posição oficial católica, expressa, por exemplo, na encíclica de João Paulo II, *Evangelium Vitae*, tende a uma visão naturista, exigindo para a procriação a relação sexual direta dos esposos, quando é razoável admitir-se a legitimidade da união de um óvulo da esposa com um espermatozoide do marido de forma artificial e depois implantar o óvulo fecundado no útero, desde que tal procedimento seja imbuído de amor e de adesão à vida.

Para encurtarmos a reflexão sobre essa questão, tão complexa que não cabe aqui ser tratada, valemo-nos da opinião de um especialista holandês católico:

> A tecnificação da procriação humana não é sem problemas. A inseminação artificial, em suas diferentes formas, a fecundação *in vitro* e o transplante de embriões, todas essas possibilidades técnicas nos permitem, por um lado, tratar o espermatozoide e o óvulo como "material biológico", com eles fazer procedimentos técnicos

e tomá-los como objeto de pesquisas científicas, e, por outro, realizar uma gravidez fora dos quadros seguros do casamento tradicional. Assim, é possível que uma mulher engravide por inseminação artificial com esperma de um doador anônimo; pode-se reunir *in vitro* espermatozoides e óvulos e implantá-los depois em uma mulher qualquer; pode-se ter um filho por meio de uma "mãe de aluguel". Estes meios técnicos não estão, de forma neutra, à nossa disposição enquanto capacidade puramente instrumental[3]. Na verdade, eles devem permanecer como instrumentos a serviço do amor, da ajuda a esposos com problemas e sempre no respeito à sacralidade da vida.

Não basta a procriação artificial. O ser humano tem direito de nascer humanamente, de um pai e de uma mãe que, em seu amor, o desejaram. Se por qualquer problema se recorre a uma intervenção técnica, nunca se podem perder a ambiência humana e o reto propósito ético.

O filho/filha que daí procede deve poder ter nome e sobrenome e ser recebido socialmente. A identidade social, nesses casos, é mais importante, antropologicamente, que a identidade biológica, como no caso de Jesus em sua relação com José. Este, dando-lhe um nome e inserindo-o em sua descendência davídica, garantiu a Jesus identidade social. Ademais, é importante que a criança seja inserida num ambiente familiar para que, em seu processo de individuação, possa realizar o complexo de Electra em relação à mãe ou o

---

3. HOUDIJK, R. Formas de coabitação e procriação fora do matrimônio. Cf. "A família". *Concilium*, 260, 1995, p. 30-38, aqui p. 36.

de Édipo em relação ao pai, de forma bem-sucedida. Desse modo se evitam danos irreparáveis pelo resto da vida.

O que se deve, entretanto, impedir é que a procriação humana seja entregue a instituições tecnológicas com seus especialistas, que manipulam "material genético", pois seria a inauguração do terrificante "admirável mundo novo" de George Wells, violando a sacralidade da vida e dispensando o que há de mais excelso e divino no ser humano, que é sua capacidade de amar e, pelo amor conjugal, transmitir a vida, a maior criação da complexidade do universo e supremo dom de Deus.

4 A sagrada família e a família moderna

Depois dessa agenda de problemas, alguém, seguramente, poderia perguntar: Que tem a ver a família de Nazaré com a atual e contraditória família humana? Como ela nos pode iluminar e inspirar?

Antes de qualquer resposta possível, cumpre reconhecer a radical diferença de situações e de modelos de família. Não há apenas uma distância temporal de dois mil anos, mas também uma distância cultural considerável. A família de Nazaré vive a cultura agrária, ligada diretamente a relações primárias. Nós viemos da cultura tecnocientífica, cheia de aparatos que nos criam um mundo de segunda mão. Nesse âmbito, Nazaré não nos poderá dizer, diretamente, nada. Habitamos em estrelas diferentes.

Mas isso não é tudo o que se pode dizer. O que nos tem a dizer se situa num outro âmbito, que pode nos concernir a todos. Tanto lá como aqui, estamos às voltas com pessoas humanas que amam, que se angustiam, que têm perplexidades e que buscam sentido, que trabalham e que cuidam. Todas essas pessoas são habitadas por sonhos, valores e propósitos de felicidade e paz.

Toda família ou toda forma de coabitação e convivência entre humanos, seja de gêneros diferentes, seja do mesmo gênero, por mais diferentes que sejam suas modalidades históricas, vive não de técnicas nem de arranjos, mas da vontade de encontrar e viver o amor, sonha poder realizar-se e ser minimamente feliz. O núcleo imutável da família e o afeto, o cuidado de um para com o outro e a vontade de estarem juntos, estando também abertos à procriação de novas vidas. Esse é o lado permanente, dentro do lado cambiante.

Se assim é, então não devemos em primeiro lugar considerar o caráter institucional da família (a perspectiva dominante nos documentos eclesiásticos e nas reflexões dos teólogos), mas seu caráter relacional. Importa ver o complexo jogo de relações que se realiza entre os parceiros. Nessas relações é que está a vida, funcionam os sonhos e as utopias de amor, fidelidade, encontro e felicidade; numa palavra, aparece o lado permanente. O lado institucional é socialmente legítimo, mas não é original, ele é derivado, cambiante e histórico. Por isso pode assumir as mais diferentes formas. Nele a vida já vem enquadrada e a norma preside as relações. Mas tais delimitações somente perduram com sentido quando são alimentadas pelo húmus do sonho e do afeto terno e pela intercomunhão.

Sendo assim, o que nos tem a dizer a família de Nazaré? Exatamente esse lado de relação, de amor, de cuidado, de piedade e de fidelidade a três: entre Jesus, Maria, José. Eles se transformaram em arquétipos cristãos que, num nível profundo e coletivo, continuam a alimentar o imaginário dos fiéis e a suscitar valores que dão sentido e trazem felicidade à família. É aquilo que chamamos, modernamente, de capital social familiar.

Estudos transculturais revelaram que a quantidade e a qualidade de tempo que os membros da família passam juntos, vivendo relações de afeto e de pertença, são determinantes para os comportamentos individuais e para as opções sociais que serão tomadas. Se o capital social familiar se apresenta alto e sadio, dá origem a uma maior confiança no próximo, há menos violência e corrupção. Em consequência, há mais participação nas associações, nos movimentos sociais e no voluntariado. Os conflitos familiares e o número de divórcios caem surpreendentemente. Quando o capital social familiar vai se diluindo, lentamente emergem situações críticas com desfechos muitas vezes dramáticos.

Podemos imaginar que o capital social familiar de Jesus, Maria e José era altíssimo. Logicamente, sabemos pouco do dia a dia da sagrada família. Mas, quando anteriormente analisamos o José da história, como artesão, esposo, pai e educador, levantamos os dados de uma família normal judaica, piedosa, ordeira e trabalhadora.

Eu diria até que José inaugurou uma forma de coabitação absolutamente nova e até escandalosa para a época: casa com uma mulher grávida que, depois é informado, concebera pelo Espírito Santo. Tem a coragem de levá-la para sua casa tendo que enfrentar, quem sabe, os comentários dos vizinhos e as suspeitas dos parentes, como insinuam com razão os apócrifos.

Não precisamos detalhar os valores que essa família teve que viver ao fugir do sanguinário Herodes, no desconforto do exílio, com a perplexidade face ao menino que já desperta com consciência própria no Templo em Jerusalém e que, por fim, segue seu próprio caminho sem que Maria e os demais parentes o entendam completamente (cf.

Mc 3,23, quando querem pegar Jesus porque acham que ficou louco).

Ora, esses valores foram vividos outrora e são vividos do mesmo jeito, hoje em dia, por tantas famílias, por parceiros de vida ou por outros que optaram viver juntos com coragem, com fidelidade, com responsabilidade e, não raro, com uma dimensão religiosa e espiritual.

A questão é superarmos certo moralismo que não ajuda a ninguém, que prejulga as várias formas de família ou de coabitação e que nos faz perder os valores que podem estar aí presentes, quando vividos com sinceridade pelas pessoas. Na verdade, são tais realidades que contam numa perspectiva ética e valem diante de Deus.

Se a doutrina da Igreja sobre a família possui algum valor, então seguramente é este: recordar sempre de novo os valores perenes e trazer à consideração dos cristãos e às demais pessoas de boa vontade e a perspectiva utópica da família. Infelizmente nem sempre a Igreja é compreendida, porque ela mesma não esclarece o gênero literário da utopia e do mundo dos valores.

Seja como for, são inconsistentes as críticas mais frequentes de que, via de regra, trata-se de uma doutrina abstrata e irrealista. Se entendermos a função da utopia e de sua linguagem, como esclarecemos acima, estamos em condições de valorizar positivamente a função da doutrina eclesiástica como poderoso reforço do capital social familiar.

Partindo das realidades que os documentos dos papas não desconhecem, o ensino da Igreja bebe sua inspiração desse fundo utópico da sagrada família de Jesus, Maria e José. A partir dela se alimenta uma visão altamente humana e esperançadora da vida em família. Não obstante todas as contradições reais, dessa iluminação podem surgir possíveis alternativas e novos caminhos ao lado e junto a outras instâncias que na sociedade também se empenham por resgatar a família e dar-lhe a centralidade que possui para a vida em todas as suas etapas de realização.

Assim o fazem, por exemplo, a Carta apostólica *Familiaris Consortio* e a *Carta às Famílias*, de João Paulo II. Em ambos os documentos, enfaticamente se afirma que a família é uma comunidade de pessoas, fundada sobre o amor e animada pelo amor, cuja origem e meta é o divino Nós[4].

Na *Familiaris Consortio* predomina, curiosamente, a dimensão de relação sobre a dimensão de instituição. Define-se a família "por um complexo de relações interpessoais – relação conjugal, paternidade-maternidade, filiação, fraternidade – mediante as quais cada pessoa humana é introduzida na família humana"[5].

São essas relações interpessoais que fazem dela uma comunidade de pessoas: "A família, fundada e vivificada pelo amor, é uma comunidade de pessoas: dos cônjuges, dos pais e dos filhos, dos parentes"[6]. A comunhão caracteriza a família: "A lei do amor conjugal é comunhão e participação, não a dominação"[7], valores que fazem da família, como bem o diz o *Catecismo da Igreja Católica*, "um símbolo

---

4. Cf. o *Catecismo da Igreja Católica*, em que os números 1.655-1.658 e 2.201-2.233 sistematizam a posição oficial da Igreja.

5. *Familiaris Consortio*, 15.

6. Ibid., 18.

7. Cf. *Documento de Puebla*, dos bispos latino-americanos (1979), 582.

e imagem da comunidade do Pai e do Filho no Espírito Santo"[8], a "Igreja doméstica"[9].

Que seria da família e dos parceiros se não ardesse neles a utopia? Não é próprio do amor e das relações intersubjetivas de afeto e de cuidado a linguagem do sonho e da exaltação? Sem esse motor que continuamente anima a caminhada, sem esse nicho de sentido, ninguém suportaria as dificuldes inerentes a toda relação intersubjetiva, nem as limitações da condição humana decadente e lábil. O capital social familiar iria desaparecendo. São esses valores que abrem a família para além de si própria. O sonho, mesmo, é que a partir dos valores da família, em suas diferentes formas, surja a família-escola, a família-empresa, a família-comunidade, a família-nação e a família-humanidade, para se chegar, enfim, à família-Terra, trampolim derradeiro para a família-Trindade.

Portanto, os valores e inspirações que deram vida à família de Nazaré continuam a sustentar as relações conjugais, as parcerias humanas e todos os que celebram o sentido da vida na relação de amor e de intimidade. O Deus-Trindade, que penetrou tão profundamente na condição familiar pela trindade de Nazaré, a ponto de aí se personificar, continua assistindo os seres humanos em suas buscas. As formas e os caminhos podem variar; não variam, entretanto, o amor e a comunhão que movem os corações humanos na direção de um ao outro e na direção do grande Outro que é Trindade de Pessoas, intercambiando eternamente vida, amor e comunhão.

---

8. *Catecismo da Igreja Católica*, 2.205.

9. *Lumen Gentium*, 11; cf. tb. *Catecismo...*, op. cit., 1.665-1.666, 2.204.

12
A figura do pai à luz de São José

Mais dramática que a situação da família moderna parece a situação do pai. Vivemos numa sociedade sem pai ou do pai ausente[1]. Num certo sentido, o pai foi expulso da família na medida em que foi impedido de realizar suas funções paternas. Seja porque o regime de trabalho da sociedade industrial e do conhecimento o ocupa física e mentalmente de forma tão intensa que lhe resta pouco tempo para conviver com os filhos/filhas, seja porque seu papel foi demolido pela crítica à autoridade do pai, identificada com o patriarcalismo ou igualada ao machismo, objeto da mordacidade feroz dos vários movimentos feministas. Os homens, em geral, e os pais, em particular, entraram em profunda crise de identidade, da qual ainda não saíram.

1 O eclipse da figura do pai

Já se disse que o homem moderno sucumbiu ao "complexo de deus". Ele, desde o neolítico, ao surgir o patriarca-

---

1. Cf. MITSCHERLICH, A. *Auf dem Weg zur vaterlossen Gesellschaft*. Munique: [s.e.], 1963; RISÉ, C. *Il padre*: l'assente innaccettabile. Roma: Edizione San Paolo, 2003; JURITSCH, M. *Sociologia da paternidade*. Petrópolis: Vozes, 1970, especialmente p. 134-141; RICOEUR, P. "A paternidade: da fantasia ao símbolo". In: *O conflito das interpretações*. Rio de Janeiro: [s.e.], 1978, p. 390-414; DOLTO, F. "O complexo de Édipo, suas etapas estruturantes e seus acidentes". In: *No jogo do desejo*. São Paulo: Ática, 1981, p. 167-209; JUNG, C.G. *Die Bedeutung des Vaters für das Schicksal des Einzelnen*. Zurique: [s.e.], 1949; POHIER, J.M. *Au nom du Père*. Paris: Cerf, 1972, onde se discutem as principais teses de Freud sobre a figura do pai em confronto com a visão cristã.

do, assumiu, sem a parceria da mulher, demasiadas tarefas: chefiar a família, organizar a vida pública, criar e ordenar o Estado, montar os mecanismos de poder, fazer guerra. A todas as tarefas se associou a ideologia de que deve ser forte, eficiente e vencedor. Ele nunca pode fracassar nem perder, pois ele deve ser o pequeno deus sobre a terra.

Ocorre que as sociedades modernas atingiram tal grau de complexidade que superaram a capacidade de gestão e de controle do homem. Ele mais e mais se transformou num deus de irrisão. Pode fracassar e fracassou; não é deus, mas um simples mortal, débil, que chora e grita por socorro. Mas as cobranças por parte da sociedade continuam sobre ele, que não sabe como atendê-las. Daí surgir o eclipse da figura tradicional do pai.

Mesmo a simples imagem do pai trabalhador está sendo demolida; sua profissão se torna mais e mais invisível para o filho; a divisão social do trabalho, a distância entre a casa e a fábrica ou o escritório, a situação de empregado assalariado, a influência avassaladora da mídia sobre os hábitos sociais e familiares, destruíram a aura da autoridade paterna. O pai é rebaixado a um elo sem maior relevância da engrenagem complexa da sociedade. A crítica antipatriarca resultou numa crítica antipai, acarretando considerável perda para a família e para os filhos/filhas.

A ordem social não se encarna mais numa pessoa – a figura simbólica e arquetípica do pai, que garantia a estabilidade, conferia segurança e dava sentido de direção –, mas numa hierarquia de funcionários que cumprem oficialmente suas funções. Uma vez cumpridas, voltam ao mundo igualitátio dos irmãos.

Assevera um conhecido pesquisador da sociologia da paternidade: "A sociedade patriarcal é substituída pela sociedade sem pai ou por uma sociedade fraternal que desempenha funções anônimas e é dirigida por forças impessoais"[2].

Tal fato não representa, em si, uma aberração, mas um fenômeno próprio das modernas sociedades de massa.

É conhecida a importância da Reforma protestante, com sua moral ascética, na configuração do mundo moderno, assentado sobre o trabalho produtivo e a acumulação de riqueza. Um dado da Reforma incidiu poderosamente sobre a família[3]. Até a Reforma o casamento era tido como sacramento, algo, portanto, que tem a ver com o sagrado, com Deus e sua graça. O pai era tido, de alguma forma, como reflexo do Pai celeste e, por isso, cercado de respeitabilidade e autoridade. Lutero, que não encontrava na Bíblia provas que justificassem o matrimônio como sacramento, negou-o, tirando-lhe o caráter sagrado. Considerou o matrimônio realidade meramente secular (*weltliches Ding*). O pai foi entregue à produção. Afirma sua autoridade não com referência ao Pai celeste, mas com referência ao seu desempenho no esforço de produzir bens e de ser o provedor da família. Destruiu-se, pois, todo um arcabouço simbólico que conferia dignidade e centralidade ao pai. Ao invés do arquétipo paterno, com todas as ressonâncias que possui para o profundo humano, começou a valer a função paterna do provedor.

---

2. JURITSCH, M. *Sociologia*..., op. cit., p. 137.

3. Cf. as pertinentes reflexões de RISÉ, C. *Il Padre*: l'assente..., op. cit., p. 49ss.

2 A sociedade da Grande Mãe e a crise do pai

O que substituiu a sociedade patriarcal foi a sociedade da Grande Mãe, hoje imperante. Ela se organizou (especialmente o Estado de bem-estar social) de tal forma que cumpre as funções da mãe: satisfazer as necessidades dos cidadãos, cuidar da saúde, educação, seguridade social, conservar o existente, eliminar riscos, submeter tudo ao controle para que impere fluidez na sociedade.

Essa situação colocou em xeque a identidade do pai, que anteriormente desempenhava a função do Grande Pai provedor. Ele se vê agora deslocado e, quando então desempregado (são milhões atualmente em cada país), sente-se desmoralizado e até insultado.

O enfraquecimento da figura do pai desestabilizou a família. Os divórcios aumentaram de tal forma que surgiu uma verdadeira sociedade de famílias rompidas e de divorciados. A proporção de divórcios, por exemplo, na sociedade norte-americana, é espantosa: um sobre cada dois, com a tendência de se chegar a dois sobre cada três. Pela legislação vigente nos Estados Unidos, mas também na Europa, os filhos/filhas, em geral, ficam juridicamente confiados à mãe que, não raro, corta toda relação para com o pai. Aí surge, efetivamente, não apenas o eclipse do pai, mas a morte social do pai.

As consequências para os filhos/filhas são dramáticas. Estatísticas oficiais recentes nos Estados Unidos ofereciam quadro lastimável: 90% dos filhos fugidos de casa ou sem moradia fixa eram de famílias sem pai; 70% da criminalidade juvenil provinha de famílias onde o pai era ausente; 85% dos jovens em prisões cresceram em famílias sem pai;

63% de jovens suicidas tinham pais ausentes[4]. Tal quadro configura um desastre humano e social.

A ausência do pai é, por todos os títulos, inaceitável. Ela desestrutura os filhos/filhas, tira o rumo da vida, debilita a vontade de assumir um projeto e mutila a sociedade como se lhe faltasse um órgão importante como um olho, um braço ou uma perna.

A situação atual do pai não serve de base para se experimentar Deus como Pai[5]. Toda a tradição psicanalítica[6] tem sustentado a importância da figura do pai e das experiências que os filhos/filhas fazem com ele para projetar uma imagem de Deus-Pai integradora e humanizadora (um Édipo bem realizado). Para que continue a desempenhar essa transcendental função e verdadeira missão, faz-se urgente um reengendramento, sobre outras bases, da figura do pai. É nessa perspectiva que São José, como pai, pode contribuir com alguma luz.

3 O princípio antropológico do pai e os modelos históricos

Antes de mais nada, é de fundamental importância fazer a distinção entre os modelos de pai e o princípio antropológico do pai. Essa distinção, descurada em tantos deba-

---

4. Os dados são fornecidos por RISÉ, C. "Alla ricerca del 'padre'". *L' Officina*, 2, 2003, p. 46-50, aqui p. 46; cf. tb., do mesmo autor, psicanalista junguiano e professor em Trieste, especialista na questão do "pai"; "L'occidente senza padre". *Da Area 73* (out. 2003).

5. Cf. BOFF, L. *O Pai-nosso...*, op. cit., p. 35-52, onde se debatem estas questões.

6. Os principais textos foram reunidos no livro de MENDEL, G. *La révolte contre le père*. Paris: Payot, 1971.

tes, até científicos, ajuda-nos a evitar mal-entendidos e a resgatar o valor inalienável e permanente da figura do pai.

A tradição psicanalítica, seja de Freud, seja de Jung, tirou a limpo a importância insubstituível do princípio antropológico da mãe e, respectivamente, o princípio antropológico do pai na constituição e evolução da pessoa humana. Aqui nos interessa tão somente o do pai.

Este é responsável pela primeira e necessária ruptura da intimidade mãe-filho/filha e a introdução do filho/filha num outro continente, o transpessoal, do pai, dos irmãos/irmãs, dos avós, dos parentes e de outros da sociedade.

No transpessoal e social, representados pela figura do pai, vige a ordem, a disciplina, o direito, o dever, a autoridade e os limites que devem valer entre um grupo e outro. Aqui as pessoas trabalham, realizam projetos, abrem caminho e criam o novo. Em razão disso, devem mostrar segurança, ter coragem e disposição de fazer sacrifícios, seja para superar dificuldades, seja para alcançar algum objetivo.

Ora, o pai é o arquétipo e a personificação simbólica dessas atitudes. É a ponte para o mundo transpessoal e social. A criança, ao entrar nesse continente, deve poder orientar-se por alguém. Esse alguém é o pai, que comparece como herói, como aquele que tudo sabe, tudo pode, tudo faz. Se lhe faltar essa referência, a criança se sente insegura, perdida, sem capacidade de iniciativa.

É nesse momento que se instaura um processo de fundamental importância para a psique da criança, com consequências para toda a vida: o reconhecimento da autoridade e a aceitação do limite, que se adquire através da figura do pai.

218

A criança vem da experiência da mãe, do aconchego, da satisfação dos seus desejos, do calor da intimidade onde tudo é seguro, numa espécie de não dualidade. Agora, tem que aprender algo de novo: que esse continente não prolonga a mãe, que nele há conflitos e há limites. É o pai que introduz a criança no reconhecimento dessa dimensão. Aparece o pai, com sua vida e exemplo, como portador de autoridade, capaz de impor limites com sua autoridade e de estabelecer deveres.

É singularidade do pai ensinar ao filho/filha o significado desses limites e o valor da autoridade, sem os quais não se ingressa na sociedade sem traumas. Nessa fase, o filho/filha se destaca da mãe, até não querendo mais lhe obedecer, e se aproxima do pai: pede para ser amado por ele e espera dele esclarecimentos para os problemas novos que enfrenta. É tarefa do pai explicar ao menino/menina que deve continuar a obedecer à mãe, porque, como sua mulher, ela é encarregada por ele, em sua ausência, de fazer respeitar os limites e a disciplina que ele assinalou. Falando dessa maneira, o filho/filha recupera a harmonia com a mãe, acata sua autoridade sem ficar, porém, cegamente submisso a ela, como na fase materna, anterior[7].

Pertence ao pai fazer compreender ao filho que a vida não é só aconchego, mas também trabalho, que não é só bondade, mas também conflito, que não há apenas sucesso, mas também fracasso, que não há tão somente ganhos, mas também perdas. Se a mãe tende a realizar os desejos do filho/filha, se os programas de entretenimento da televisão

---

7. Cf. análise detalhada deste processo em DOLTO, F. "O complexo de Édipo...", op. cit., p. 188-190.

exacerbam o desejo, fazendo crer que só o céu é o limite, cabe ao pai mostrar que em tudo há limite e conveniência, que todos somos seres de implenitude, limitação e mortalidade, mesmo que o filho/filha o considere chato e insuportável. Operar esta verdadeira pedagogia desconfortável, mas vital, é atender ao chamado do princípio antropológico do pai. Se não assumir essa função simbólica e arquetípica, o pai empírico e concreto está prejudicando pesadamente seu filho/filha, talvez de forma duradoura.

Uma sociedade que, ao criticar sistematicamente um modelo de pai, o patriarcal, tiver atingido, com uma crítica sem discernimento, o princípio antropológico paterno, começa a perder rumo, vê crescer a violência, assiste à demolição da autoridade e deixa imperar a falta de limite nas relações sociais. Ela está próxima do caos ou é condenada à volta do pai, mas agora na forma pervertida do autoritarismo, da ditadura e do terrorismo de Estado.

O que ocorre quando o pai está ausente na família ou há uma família apenas materna? Os filhos parecem mutilados, pois se mostram inseguros e incapazes de definir um projeto de vida. Têm enorme dificuldade de aceitar o princípio de autoridade e a existência de limites. Alguma coisa está quebrada dentro deles. Vivem um conflito permanente entre o pai arquetípico, que faz a ponte para o mundo social e de quem sentem falta ou têm até saudades, e a mãe concreta, com quem vivem e que representa lar, aconchego e intimidade, dado insuficiente para dar sustentabilidade ao processo de individuação completo.

A não resolução desse conflito resulta num enfraquecimento do masculino nos filhos/filhas, fazendo com que se percam as energias necessárias para construir sua identidade, definir um caminho na vida e criar o novo. No seu termo, o efeito mais dramático é o que foi apontado acima: os altos índices de comportamentos desviantes e antissociais.

Então, uma coisa é este princípio antropológico do pai, uma estrutura permanente, fundamental no processo de individuação de cada pessoa humana. Essa função personalizadora não está condenada a desaparecer. Ela continua e continuará a ser internalizada pelos filhos e filhas como uma matriz na formação sadia da personalidade. Eles a reclamam. Outra coisa são os modelos histórico-sociais que deram corpo ao princípio antropológico do pai. Eles são sempre cambiantes, diversos nos tempos históricos e nas diferentes culturas. Eles passam.

Uma coisa, por exemplo, é a forma como na cultura árabe aparece a figura do pai, com suas muitas mulheres, com uma autoridade não partilhada e senhor de sua família. Outra coisa é o pai patriarcal da cultura tradicional do mundo rural, com fortes traços machistas. Outra coisa ainda é o pai da cultura urbana e burguesa, invisível e dispensável, vítima das crises pelas quais passa essa cultura, como a descrevemos acima.

Os modelos são sempre diferentes. Mas neles todos age o princípio antropológico do pai, sem que este, entretanto, exaura-se em nenhum desses modelos. Em alguns encontra espaço maior de realização humanizadora, em outros ganha formas patológicas, e em todos participa da condição humana, marcada por contradições, avanços e recuos, realizações e frustrações.

Importa também reconhecer que por todas as partes surgem figuras concretas de pais que se imunizaram da impregnação patriarcal e dentro da nova sociedade emergente e mundializada vivem com dignidade, trabalham, cumprem seus deveres, mostram responsabilidade e determinação e dessa forma cumprem a função arquetípica e simbólica para com os filhos, função indispensável para que amadureçam o seu *eu* e, sem perplexidades e traumatismos, ingressem na vida autônoma, até serem pai e mães de si mesmos.

4 São José, pai exemplar

Telêmaco, filho do Ulisses da *Odisseia* de Homero, disse estas palavras carregadas de atualidade: "Se o que os mortais mais desejam pudesse ser alcançado num abrir e fechar de olhos, a primeira coisa que eu queria era a volta do pai"[8]. Eis a angústia, antiga e moderna, do filho sem o pai. Ela atravessa hoje a cultura em todos os quadrantes. Em que sentido a figura de São José pode nos ajudar? Convém recordar que São José, além de figura histórica de pai de Jesus e de esposo de Maria, transformou-se num arquétipo poderoso. Como arquétipo, ele assume um caráter coletivo e irradia nas psiques dos cristãos, para os quais a figura de São José tem grande significação existencial.

Aqui não se trata de comparar modelos de pai, o de São José e o contemporâneo. São tão distantes que, praticamente, não há pontos de contato. Mas o que nos interessa e assume uma função arquetípica para os pais contemporâneos são as atitudes, os valores e as virtudes vividas por São José. Essas são humanas e podem nos inspirar[9]. Elas revelam um

---

8. HOMERO. *Odisseia*. Citado na introdução do livro de RISÉ, C. *Il padre*: l'assente..., op. cit.

9. Cf. a importante obra de VIDAL, M. *Moral de atitudes*. São Paulo: Paulinas, 1991-1994, em quatro volumes, toda ela baseada sobre as atitudes e os valores implicados nelas.

pai na plenitude de sua paternidade. Revelam-no não por palavras, pois nada nos deixou, mas por seus exemplos, que falam mais alto e mais forte que as palavras.

Como homem, noivo e marido de Maria, irradiou o princípio antropológico do pai. Isso aparece em vários momentos de sua atuação. Em primeiro lugar, mostrou uma virtude importante de todo pai: determinação de, diante de um problema complexo como a gravidez misteriosa de Maria, tomar uma decisão e criar o novo: levar Maria para sua casa.

Como pai, mostrou senso forte do dever: foi com ela a Belém, em função do recenseamento romano, acompanhou-a no parto na gruta de Belém, com todos os cuidados que o fato encerrava. Depois, com ela cumpriu o dever religioso de ir ao Templo para a purificação, para a apresentação do Menino e para as romarias anuais a Jerusalém por ocasião da Páscoa.

Como pai mostrou coragem ao enfrentar os riscos da perseguição mortal de Herodes, as angústias e apertos de uma fuga apressada para o exílio egípcio, a volta e a decisão de esconder a família em Nazaré, ao norte do país.

Como pai exerceu autoridade e impôs limites, coisa que apareceu no caso da perda de Jesus no Templo. Ao não encontrá-lo na caravana, pai e mãe regressaram, aflitos, a Jerusalém e recriminaram o filho: *"Por que agiste assim conosco?"* (Lc 2,48). Impuseram limites a Ele, porque o texto é claro ao dizer que Jesus *"lhes era submisso"* (Lc 2,51), quer dizer, obedecia a eles. Obedecer é acolher a autoridade do pai, aceitar os limites que este lhe impõe. A epístola aos Hebreus irá mais tarde recordar que *"Jesus, embora fosse Filho de Deus, aprendeu a obedecer no sofrimento"* (5,8). Nos Apócrifos, como vimos, José, por várias vezes, repreende Jesus e chega a lhe puxar as orelhas. Quer dizer, exercia sua autoridade paterna e sabia impor limites ao filho peralta.

Pertence à função do pai ser a ponte entre a família e a sociedade. Para a mentalidade semita, o rito de imposição do nome à criança por parte do pai era a forma de assumir, publicamente, a paternidade e ser reconhecida pela parentela e pela sociedade. José, mesmo sabendo que não podia ser o pai biológico-genético de Jesus, assume essa função. Impõe o nome e se faz pai no sentido semita (cf. Mt 1,21). Jesus publicamente pode chamar de pai a José, como os evangelhos atestam.

Pertence também à sua função de ponte social passar ao filho sua experiência profissional. Jesus se torna artesão-carpinteiro e assim era conhecido pela sociedade de então (cf. Mt 13,54-56; Lc 4,22; Jo 1,45; 6,42).

Por fim, a paternidade sadia e vigorosa de José serviu de base para a experiência espiritual de Jesus, ao chamar a Deus de *Abbá*[10]. Se Jesus, em sua vida pública, mostrou extrema intimidade com Deus, chamando-o na linguagem infantil de "Paizinho" (*Abbá*), significa que viveu uma experiência similar, de extrema intimidade, com seu pai José.

Os comportamentos de José como pai, analisados com as categorias disponíveis em nossa cultura[11] permitem, sem

---

10. Para toda essa questão, cf. obra de POHIER, J.M. *Au nom...*, op. cit.

11. A maioria dos livros sobre São José que o apresentam como pai exemplar não o fazem incorporando o quadro analítico, tão fecundo, das ciências contemporâneas sobre o tema do pai. Daí parecer um discurso idealístico e apenas piedoso. Isso vale também para o livro de Joseph Ephraïm, op. cit., que se propõe, como diz o título, apresentar José como pai para o novo milênio.

pietismo e apelos moralistas, apresentar São José como uma figura exemplar da qual podemos aprender e tirar sábias lições também pata os pais do século XXI, que vivem dentro de um modelo civilizatório muito diferente e que estão em busca de uma identidade adequada a este tempo.

São José nos ajuda na volta do pai. Seu modo de viver a paternidade pode enriquecer os pais em sua identidade e suscitar-lhes ousadia no enfrentamento dos desafios da moderna sociedade, especialmente na fase globalizada da humanidade.

CONCLUSÃO
A Santíssima Trindade inteira está entre nós

Ao falarmos de São José, tivemos que falar de Deus e de Deus na forma cristã de nomeá-lo, que é sempre como Trindade: Pai, Filho e Espírito Santo. Essa, estimamos, é a forma mais correta de falar de São José: remetendo-nos ao que é principal, ao Deus trino.

1 Uma visão completa e totalizante de Deus

A reflexão cristã sobre São José foi madurando lentamente através dos séculos. Mas cresceu tanto que em nossos tempos chegou-se a perceber que ele pertence à ordem hipostática, quer dizer, faz parte da autocomunicação do Deus trino à humanidade.

Isso é tão verdade que o próprio Magistério da Igreja assumiu oficialmente essa compreensão, como se vê na Exortação apostólica do Papa João Paulo II sobre São José, *Redemptoris Custos*. Aí se diz claramente que no mistério da encarnação Deus não apenas assumiu a realidade de Jesus, mas também *"foi 'assumida' a paternidade humana de José"* (n. 21). A teologia havia visto sua relação com o Verbo, por ser pai de Jesus, e sua relação com o Espírito Santo, por ser esposo de Maria. Faltava ver sua relação com o Pai celeste, por ser, ele também, pai. Foi mérito da teologia da segunda metade do século XX enfatizar esse olhar, até que um brasileiro da Amazônia Legal, Frei Adauto Schumaker, dissesse explicitamente: São José é a personificação do Pai. Nosso esforço de reflexão consistiu em oferecer as boas bases teológicas que sustentam essa afirmação. Ao término, fomos premiados com uma visão completa e totalizante da realidade divina e da realidade humana. A Trindade, que é a Família divina no céu, personificou-se na família humana na terra. O Pai se personificou em José, o Filho em Jesus e o Espírito Santo em Maria. Toda família humana e cada ser humano foram inseridos nesse processo de personificação porque todos somos, quer o conscientizemos, quer não, irmãos e irmãs de Jesus, Maria e José. A mesma humanidade que está neles e que foi assumida pela Santíssima Trindade está também em nós. Algo, portanto, de nossa comum humanidade pertence para sempre ao Deus trino. O desejo infinito que nos devora encontra aqui a sua plena satisfação.

2 A espiritualidade do cotidiano

A boa teologia deve desembocar numa espiritualidade. Assim, queremos, no término de tudo, salientar alguns pontos de uma espiritualidade que se deriva do silêncio e da vida anônima do artesão-carpinteiro em Nazaré. O fato de pertencer à ordem hipostática não anula nem modifica a ordem humana normal das coisas.

Para São José, personificação do Pai, valem as mesmas afirmações que o Concílio de Calcedônia (451) fez com referência à encarnação do Verbo em Jesus. Aí se afirma que Jesus é simultaneamente Deus e Homem, sem confusão, sem mutação, sem divisão e sem separação das naturezas, humana e divina. As propriedades de cada natureza ficam preservadas. Isso significa que tudo o que é humano aparece em Jesus: alegrias e angústias, amor e indignação, intimidade com Deus e tentações. Mas, por causa da união das naturezas na mesma Pessoa, essas propriedades ficam intercambiáveis: as propriedades de Deus passam a ser propriedades do homem e as propriedades do homem passam a ser as propriedades de Deus. Em razão disso vale dizer: Deus nasceu, Deus se irritou, Deus chorou e Deus morreu. Vale também dizer: o homem é infinito e o homem é eterno. Aplicando essa dialética a São José: ele viveu como qualquer outro carpinteiro de seu tempo; era piedoso e bemintegrado na comunidade (o sentido originário de justo); foi um marido fiel e um pai zeloso; passou por crises e perplexidades (cf. Mt 1,19-20), medos e preocupações próprios de quem foge, com mulher e filho, de uma perseguição mortal e outras situações de alegria e de realização, inerentes à condição humana[1]. Mas, porque era a personificação do Pai, todas essas realidades pertenciam também ao Pai.

3 São José, patrono da "Igreja doméstica"

Toda personificação significa também, do ponto de vista do Pai, uma *kénose*, quer dizer, um rebaixamento, um renunciar a seus atributos divinos e um penetrar no mundo ambíguo dos seres humanos. O Pai invisível se fez também invisível em José. O Pai do silêncio eterno se fez silêncio temporal na vida de José.

---

1. Cf. as ricas reflexões de SIUTA, Sóror Danuta. "La figure de Joseph à l'orée du troisième millenaire". *Cabiers 6 de l'Oratoire Saint-Joseph*. Montreal, 1999, p. 51-68.

Esta *kénose* possui grande significação teológica e funda uma espiritualidade que foi bastante esquecida pelo cristianismo oficial. Neste, são os papas, os bispos, os padres, os pastores e os ministros que ocupam a cena, falam, ensinam, animam e dirigem a comunidade de fé. É o cristianismo oficial, que tem visibilidade.

Mas junto a ele existe um cristianismo popular, cotidiano e anônimo, que não tem visibilidade, que não é noticiado pela mídia nem se faz muito notar para a própria Igreja institucional. Nele vive a grande maioria dos cristãos, nossos avós e nossos pais e tios/tias, tomando a sério o Evangelho, deixando-se inspirar pela prática de Jesus e dos apóstolos. São José, pelo seu silêncio e anonimato, encontra-se também aí dentro. Mais que patrono da Igreja universal, como querem os papas, ele é o verdadeiro patrono da "Igreja doméstica", dos irmãos e irmãs menores de Jesus (cf. Mt 25,40).

Com efeito, a grande massa dos fiéis vive no anonimato, sepultada em seu cotidiano cinzento, ganhando a vida com muito trabalho, levando suas famílias como podem e se alegrando ou sofrendo, no final de semana, pelas vitórias ou derrotas de seus times de predileção. Em sua grande maioria são honrados, solidários e religiosos, mas de uma religiosidade popular, mais orientados pelo sentimento de Deus que pelas doutrinas sobre Deus. Para a grande maioria, Deus e sua presença nas várias circunstâncias da vida constituem evidências existenciais. Deus não é um problema, antes, uma luz para os problemas.

4 A espiritualidade da "gente boa"

Estes vivem a espiritualidade dos *pobres de Javé*, como as Escritutas judaico-cristãs os chamariam[2]. A pobreza, aqui, tem mais a ver com uma atitude fundamental de abertura e de acolhida de Deus do que com uma condição social de pobreza material. Logicamente, a pobreza material facilita viver essa atitude de abertura, pois normalmente as pessoas necessitadas suplicam a Deus socorro em suas tribulações. Mas não está condicionada a ela, porque entre os pobres de Javé podem encontrar-se também pessoas de classes sociais mais beneficiadas. Elas também podem se mostrar abertas para Deus, o que se comprova por sua abertura para com o mundo dos pobres.

São José se conta entre esses pobres de Javé[3]. Como traduziríamos esta expressão bíblica para nosso linguajar moderno, mais facilmente compreensível às pessoas que não possuem mais referências religiosas? Nós diríamos que os pobres de Javé constituem o que comumente chamamos de "gente boa" ou "boa gente"[4].

Quem é "gente boa" ou "boa gente"? Não é fácil fazer um conceito dela. Mas a encontramos a todo o momento

---

2. Sobre o tema há imensa literatura exegética, especialmente vinda dos grupos da teologia da libertação; cf. GUTIÉRREZ, G. *Teologia da libertação*. Petrópolis: Vozes [1972], 1985, p. 234-249; GUTIÉRREZ, G. *A força histórica dos pobres*. Petrópolis: Vozes, 1984; PIXLEY, J. & BOFF, C. *Opção pelos pobres*. Petrópolis: Vozes, 1987; GEORGE, A. "Pauvre". *Supplément au Dictionnaire de la Bible VII*. Paris, 1966, col. 386-406; GELIN, A. *Les pauvres que Dieu aime*. Paris: Cerf, 1967.

3. Cf. o excelente estudo de ROBERT, P. "Joseph de Bethléem et la spiritualité des pauvres de Yahvé", em *La figure de Joseph à l'orée du troisième millénaire*, em *Cahiers 6 del l'Oratoire Saint-Joseph*. Montreal, 1999, p. 69-100.

4. P. Robert usa a expressão francesa "le bon monde", op. cit., p. 93-96.

em nossa vida. É a gente honesta, direita e trabalhadora, gente com boa integração familiar, que está sempre disposta a ajudar os outros e que mostra honradez no dia a dia. Se não conseguimos defini-la, a identificamos, no entanto, com facilidade. Pois é acolhedora, sem malícia no olhar, rosto aberto, irradiando uma aura benfazeja. Sentimo-nos bem perto dela. Intuímos que podemos confiar nessa gente boa. Assim como os pobres de Javé não se encontram somente entre os materialmente pobres, assim, também aqui, a "gente boa" pode ser encontrada também nos estratos mais sofisticados da sociedade. São pessoas que mantiveram, a despeito de tudo, sua humanidade essencial imune aos simulacros da sociedade da representação. Por isso a "gente boa" ou "boa gente" é antes um estado de alma que uma classe social, antes uma qualidade do coração que atravessa todos os estratos sociais que prerrogativa de um grupo determinado. "Gente boa" é aquele que no trabalho salta no lugar do companheiro que faltou, porque as coisas têm que ser assim e devem funcionar, independente do sacrifício que comportam. Ou a cozinheira que fica além do horário, sem amarrar a cara, porque houve uma festa de família que se prolongou. É a dona de um restaurante, comprometida com as questões ecológicas da comunidade e que não se incomoda com perder alguns fregueses e também algum dinheiro para coordenar os trabalhos e estar sempre presente, animando a participação nas iniciativas comunitárias. "Gente boa" não precisa ser religiosa, mas é sempre respeitadora, e, quando é religiosa, não faz alarde: reza discretamente suas orações e se confia, de manhã e de noite, ao bom Deus. "Gente boa" corresponde a "gente humilde" da canção inigualável de Chico Buarque, são aqueles que vivem nos subúrbios e que, à tardezinha, sentam na varanda para conversar e ver a vida passar, que vão em frente sozinhos, sem ter ninguém com quem contar. E são corajosos, honestos e trabalhadores. São José é um representante da "gente boa" e da "gente humilde". Ele está no meio das multidões da humanidade que são "boa gente". Essas multidões fazem o mundo andar e a sociedade funcionar, a despeito dos corruptos e dos políticos, que em geral mentem sobre a real situação de pobreza e de miséria do país e do mundo.

Norberto Bobbio († 2004), o grande filósofo italiano da política e da moderna democracia, deixou-nos esta sábia lição: o valor de uma sociedade não se mede pela boa ordenação jurídica que ostenta, mas pelas virtudes que os cidadãos vivem e testemunham. A "gente boa" vive das virtudes simples e cotidianas, são aqueles que honram um povo e constroem um país.

Dessas virtudes simples e anônimas está ornado São José, como temos tentado mostrar em tantas páginas de nosso texto. No meu entendimento, o maior louvor que os evangelhos fazem de Jesus, não é tanto dizer que é o Messias esperado, o Filho do Homem e o Filho de Deus. Todas essas declarações são importantes e verdadeiras para nos traduzirem a real identidade de Jesus. Mas o louvor maior e aceitável por todos, foi quando testemunharam: *"Ele passou fazendo o bem, fazendo os surdos ouvir e os mudos falar"* (Mc 7,37).

De São José podemos dizer a mesma coisa: fez tudo bem-feito. Ele era simplesmente "um homem justo", como diz o Evangelho de São Mateus (cf. 1,19). Nessa palavra estão contidas virtudes, humanas e divinas.

Nosso esforço teológico foi descortinar as dimensões do mistério que envolve a figura de São José como sendo a personificação do Pai celeste, mas sem diminuir em nada o seu "ser justo" e o anonimato de sua vida e atuação. São valores perenes que animam os cristãos, especialmente aqueles que vivem a mesma condição humilde que ele viveu e que estão longe de qualquer especulação teológica.

Possivelmente São José não entendia nada de teologia, nem dos escribas e fariseus de seu tempo nem das Igrejas de hoje e muito menos da nossa, que tentamos elaborar neste livro. Não importa. Para José, mais importante que saber-se a personificação do Pai era viver com radicalidade, sinceridade e humildade as virtudes do pai, do esposo, do educador e do trabalhador. Nelas e por elas aparecia, sob frágeis sinais, o próprio Pai celeste.

Concluo este livro com as palavras de um apócrifo, que inspiraram nossas reflexões e que gostaríamos que significassem um apelo a todos os cristãos, homens e mulheres:

"Quando fordes revestidos de minha força e receberdes o Sopro de meu Pai, isto é, o Espírito Paráclito, e quando fordes enviados a pregar o Evangelho, pregai também a respeito de meu querido pai José".

Fizemos nossa parte. Que outros completem o que nos faltou e que acrescentem mais conhecimento ao mistério de Deus personificado na humilde figura de São José.

REFERÊNCIAS

AGOSTINHO, Santo. *De Trinitate VII*, 4, 7 [ed. bilingue, latim e espanhol]; tratado sobre la Santísima Trinidad. Madri: BAC 39, 1948.

ALMENDARIZ, L.M. "El Padre maternal". *Estudios Eclesiásticos*, 58 (1983), p. 249-275.

AQUINO, Santo Tomás de. *Summa Theologica* III^a, q. 29 a. 1.

ARON, R. *Gli anni oscuri di Gesú*. Milão: Mondadori, 1978 [ed. original francesa: Paris: Grasset, 1968].

BAUER, W. *Wörterbuch zum Neuen Testament*. Berlim: [s.e.], 1952.

BELLOVET, L. "Le Père de la Miséricorde, Saint Joseph appartient-il à l'ordre hypostatique?", *La Science Catholique* (Arras), 8 (1894), p. 490-510.

BERTOLIN, J.A. "San Giuseppe nel Brasile durante el XVIII secolo". *Estudios Josefinos*, 45 (1991), p. 687-703.

BERTRAND, Guy-M. *Dictionnaire de Spiritualité*. Paris: Beauchesne, 1975. [verbete *Joseph*], col. 1.301-1.321.

BIBLIOGRAFIA JOSEFINA disponível nos sites: <www.jozefologia.pl/bibliografia.htm>; <www.redemptoriscustos.org/bibliofes.html>.

BLINZLER, J. *Die Brüder und Schwester Jesu*. Stuttgart: SBW, 1969.

BOFF, C. *O cotidiano de Maria de Nazaré*. São Paulo: Salesiana, 2003.

BOFF, L. *Ecologia*: grito da Terra, grito dos pobres. Rio de Janeiro: Sextante, 2004.

_____. *Jesus Cristo Libertador*. 18. ed. Petrópolis: Vozes, 2004 [1. ed.: 1972].

_____. *A ressurreição de Cristo e a nossa na morte*. Petrópolis: Vozes, 2003 [1. ed.: 1973].

_____. *A Trindade e a sociedade*. 5. ed. Petrópolis, Vozes: 2003.

_____. *O Pai-nosso*: a oração da libertação integral. Petrópolis: Vozes, 2003 [1ª ed.: 1986].

_____. *A Santíssima Trindade é a melhor comunidade*. 7. ed. Petrópolis: Vozes, 1993.

_____. *Ave Maria*: o feminino e o Espírito Santo. Petrópolis: Vozes, 1980.

_____. *O rosto materno de Deus*. Petrópolis: Vozes, 1976.

_____. *O evangelho do Cristo cósmico*. Petrópolis: Vozes, 1971.

BOFF, L. & MURARO, Rose Marie. *Masculino e feminino*: uma nova consciência para o encontro das diferenças. Rio de Janeiro: Sextante, 2002.

BOURRASSA PERROTTA, L. *Saint Joseph*: his life and his role in the Church today. Huntington Indiana: Our Sundy Visitor Publishing Division, 2000.

BOUYER, L. *Le Père invisible*. Paris: Cerf, 1976.

BRÄNDLE, F. "Jesús Nazareno por que? El puesto de José en el camino de la revelación". *Cahiers de Joséphologie*, 39 (1991), p. 34-41.

BROWN, R. "L'annonce à Joseph (Mt 1,18-25)". *La figure de Joseph à l'orée du troisième millénaire*. Montreal: [s.e.], 1999, p. 9-20.

CARDEAL Dubois. *Saint Joseph*. Paris: Gabalda, 1927.

CARRASCO, J.A. "Influencia negativa de los apócrifos en la josefología". *Estudios Josefinos*, 47 (1999), p. 29-45.

_____. "Ritual del matrimônio de Maria y José". *Estudios Josefinos*, 51 (1997), p. 25-39.

CATECISMO DA IGREJA CATÓLICA. Vozes/Paulinas/Loyola/Ave-Maria: 1997.

CHARBONNEAU, P.-E. *Saint-Joseph appartient-il à l'ordre de l'union hypostatique?* Montreal: Centre de Recherche Oratoire de Saint-Joseph/Faculté de Théologie, 1961.

_____. "L'appartenance de Saint Joseph à l'ordre de l'union hypostatique et son rôle de patron de l'Eglise Universelle". *Cahiers de Joséphologie*, 3 (1955), p. 241-274.

CHARMOT, F. *La Sainte Trinité et S. Joseph.* Roma: [s.e.], 1960.

CHÂTELIER, L. *L'Europe des dévôts XVI-XVIII siècle.* Paris: Flammarion, 1987.

CHOURAQUI, A. *La vie quotidienne des hommes de la Bible.* Paris: Hachette, 1978 [em português: São Paulo: Companhia das Letras, 1990].

CLAUDEL, P. Carta publicada em Paris (1934). *Positions et propositions*, v. 2, p. 147-149.

CLAVEL, B. *Jésus le fils du charpentier.* Paris: Robert Laffont, 1996.

COUTURE, M. *Saint Joseph époux et père*: un modèle pour tous. Montreal: Les Éditions Carmel, 1997.

DANIEL-ROPS, H. *A vida diária no tempo de Jesus.* São Paulo: Vida Nova, 1983.

DEISS, L. *Joseph, Marie et Jésus.* Versalhes: Saint Paul, 1997.

DE LA NOI B., Dr. Pedro. *De la Redemptoris Custos a la teologia dogmática.* Publicado pelo Centro de Documentación y Estudios Josefinos de México, 2001, p. 171-175.

DEVASAHAYAM, S.J. "Marie révèle Joseph". *Cahiers 11 de l'Oratoire Saint-Joseph.* Montreal, dez. 2001.

_____. *St. Joseph for the Third Millenium.* Mumbai: Pauline Publications, 1999.

DOBRACZYNSKI, J. *L'ombra del Padre*: il romanzo di Giuseppe Brescia.

DOLTO, F. "O complexo de Édipo, suas etapas estruturantes e seus acidentes". In: *No jogo do desejo*. São Paulo: Ática, 1981.

_____. *L'evangile au risque de la psychoanalyse*. Paris: Jean-Pierre Delarge/Presses Universitaires, 1977.

DOZE, A. "Marie révèle Joseph". *Cahiers 11 de l'Oratoire Saint-Joseph*. Montreal, dez. 2001, p. 33-59.

_____. *Joseph, ombre du Père*. Éditions du Lion de Juda, 1989.

DULLES, A. *Revelation Theology*. Nova York: Herder, 1969.

DURRWELL, F.-X. *Le Père*: Dieu et son mystère. Paris: Cerf, 1993.

ENCICLOPEDIA CATTOLICA. Città del Vaticano, 1951. Vol. VII, col. 805-855.

EPHRAÏM, J. *Joseph, un père pour le nouveau millénaire*. Nouan-le-Fuselier: Éditions de Beatitudes, 1996.

FELLER, V.G. *O Deus da revelação*. São Paulo: Loyola, 1988.

FETTER, M.A. "Família: os desafios de uma instituição em crise". *Correio Riograndense*, 29 out. 2003, p. 11.

FERRARO, B. *Cristologia*. Petrópolis: Vozes, 2004.

FILAS, F.L. *Saint Joseph après le Concile Vatican II*. Montreal: Fides, 1970.

_____. *Joseph and Jesus*; a theological study of their relationship. Milwaukee: The Bruce Publishing Company, 1952.

FOUCHER, D. *Notre Père, Joseph le charpentier*. La Chapelle de Montligeon: Editions de Montligeon, 1999.

GÄCHTER, P. "Die Brüder Jesu". *Zeitschrift fur katholische Theologie*, 89 (1967), p. 458-469.

GALOT, P. "Pour une théologie du Père". *Esprit et Vie*, 94 (1984), p. 497-503, 661-669; 95 (1985), p. 293-304.

GASNIER, M. *Le silence de Saint Joseph*. Paris: Le Laurier, 1996.

GAUTHIER, R. "Saint Joseph d'aprés les théologiens de la fin du XX siècle". *Saint Joseph, Cahiers 11 de l'Oratoire*. Montreal, 2001, p. 63-81.

_____. *Bibliographie sur Saint Joseph et la Sainte Famille*. Montreal: Oratoire Saint-Joseph, 1999.

_____. "La proclamation de Saint Joseph comme le patron de l'Église". *Cahiers de Joséphologie*, 43 (1995), p. 29-50.

_____. "Der heilige Joseph in der Heilsgeschichte". *Josefstudien, kirche heute*, 2. mar. 1994, p. 2-7.

_____. *La paternité de Saint Joseph*. Montreal: Oratoire Saint-Joseph, 1958.

GAUTHIER, R. & BERTRAND, Guy-M. *Dictionnaire de Spiritualité*. Paris: Beauchesne, 1975, v. VIII.

GELIN, A. *Les pauvres que Dieu aime*. Paris: Cerf, 1967.

GEORGE, A. "Pauvre". In: *Supplément au dictionnaire de la Bible VII*. Paris, 1966, col. 386-406.

GERSON, J. "Sermo de nativitate gloriosae Virginis Mariae". In: *Concilio Constantiensi*, Tertia Pars Operum. Paris, 1606, t. II, cons. 4, col. 140.

GOLDSTEIN, H. *Brasilianische Christologie, Jesus der Severino heisst*. Mettingen, BKV: Brasilienkunde-Verlag, 1982.

GRELOT, P. "Saint Joseph". *Dictionnaire de Spiritualité*. Paris: Beauchesne, 1974, v. VIII, col. 1.289-1.301.

GUITTON, J. *La Vierge Marie*. Paris: Aubier, 1949.

GUTIÉRREZ, G. *Teologia da libertação*. Petrópolis: Vozes [1972], 1985.

_____. *A força histórica dos pobres*. Petrópolis: Vozes, 1984.

HEISING, A. *Gott wird Mensch* — Eine Einfuhrung in die Aussageabsicht und Darstellungsweise von Mt 1-2, Lk 1-2; 3,28-38. Trier, 1967.

HONORÉ-LAINET, G. *Il fiat di Giuseppe in cui il Padre si revela*. Milão: [s.e.], 1994.

HOUDIJK, R. "Formas de coabitação e procriação fora do matrimônio. A família". *Concilium*, 260 (1995).

IGLESIAS, A.L. "La paternidad de San José le relaciona con el orden hipostático". *Estudios Josefinos*, 6 (1952), p. 56-79.

JEREMIAS, J. *Jerusalém no tempo de Jesus*: pesquisas de história econômico-social no período neotestamentário. São Paulo: Paulinas, 1986.

_____. *Abba — Studien zur neutestementlichen Theologie*. Göttingen: [s.e.], 1966.

JOÃO PAULO II. *Redemptoris Custos*. Exortação apostólica sobre São José, 1989.

JOHNSON, M.D. *The Purpose of the Biblical Genealogies with Special Reference to the Setting of the Genealogies of Jesus*. Cambridge: [s.e.], 1969.

JOSÉ DE JESÚS MARÍA, OCD. "Bibliografia fundamental josefina". *Estudios Josefinos*, 20 (1966), p. 14-23, 28-31, 40-50, 54-56.

JUNG, C.G. Tentativa de uma interpretação psicológica do dogma da Trindade. *Obras Completas* XI. Petrópolis: Vozes, 1980.

_____. *Die Bedentung des Vaters für das Schicksaldes Einzelnen*. Zurique: [s.e.], 1949.

JURITSCH, M. *Sociologia da paternidade*. Petrópolis: Vozes, 1970.

KANT, I. *Der Streit der Fakultäten*. Berlim, 1917, v. VIII.

KELSEY, M.T. *Deus, sonhos e revelação*. São Paulo: Paulus, 1966.

LALLEMENT, D.J. *Mystère de la paternité de Saint Joseph*. Paris: Téqui, 1986.

LALONDE, M. "La signification mystique du mariage de Joseph et de Marie". *Cahiers de Joséphologie*, 19 (1971), p. 548-557.

LATOURELLE, R. *Théologie de la révélation*. Brügge: [s.e.], 1963.

LAURENTIN, R. *Les évangiles de l'enfance du Christ*. Paris: Desclée de Brouwer, 1982.

LEAL, J. "La misión de José en la historia de Jesus". *Manresa*, 41 (1960), p. 209-216.

LE GUILLOU, M.-J. *Il mistero del Padre*. Milão: [s.e.], 1979.

LÉON-DUFOUR, X. *Vocabulário de Teologia Bíblica*. Petrópolis: Vozes, 1977.

_____. "Lannonce à Joseph". *Melanges bibliques rédigées en l'honneur d'André Robert*. Paris, 1957.

LLAMAS, R. "Profilo spirituale di San Giuseppe: consideración intorno all' esortacione apostólica Redemptoris Custos". *Rivista di Vita Spirituale*, 44 (1990), p. 138-174.

LLAMERA, B. *Teologia de San José*. Madri: BAC, 1953, p. 115-43.

_____. "La relación de San José con el orden hipostático". *Estudios Josefinos*, 1 (1947), p. 34-64.

_____. "Pertenece San José al orden hipostático?" *Ciência Tomista*, 71 (1946), p. 251-81.

MARTELET, B. *Joseph, fils de David, qui êtes-vous?* Nouan-le-Fuselier: Éditions du Lion de Juda, 1987.

_____. *Joseph de Nazareth, l'homme de confiance*. Paris-Fribourg: Éditions Saint-Paul, 1974.

McGINNIS, Th. "The holiness of St. Joseph and the order of the hypostatic union". *The Marian Forum, The praise of St. Joseph*. Nova York: The Scapular Press, 1961, v. I, p. 14-23.

McMANAMAN, D. "St. Joseph care and the ordinary. A brief look at the life issues in view of St. Joseph's fatherhood". *Cahiers de Joséphologie*, 38 (1990), p. 115-126.

MÉNARD, G.M. *Saint Joseph et l'Esprit Saint*. Montreal: [s.e.], 1983.

MENDEL, G. *La révolte contre le père*. Paris: Payot, 1971.

MERSTERS, C. "Origem dos quatro evangelhos: do Evangelho aos quatro evangelhos". *Deus, onde estás?* Petrópolis: Vozes, 2003 [1. ed.: 1971], p. 125-128.

MICHEL, A. "Appartenance de S. Joseph à l'ordre de l'union hypostatique". *L'ami du clergé*, 66 (1956), p. 177-183.

MITSCHERLICH, A. *Auf dem Weg zur vaterlossen Gesellschaft*. Munique: [s.e.], 1963.

MOLTMANN, J. *O caminho de Jesus*. Petrópolis: Vozes, 1993.

_____. "O pai maternal". *Concilium*, 163 (1986).

MONFERRER SALA, J.P. "Evangelio árabe de la infancia". In: *Apócrifos árabes cristianos*. Madri: Trotta, 2003.

MONFORTE, J. *José de Nazaret en el Tercer Milenio Cristiano*. Madri: [s.e.], 2001.

MORAN, G. *Theology of revelation*. Nova York: Herder, 1969.

O'CARROL, M. *Joseph, son of David*. Dublin: [s.e.], 1963.

O EVANGELHO de Maria: Míriam de Mágdala. Petrópolis: Vozes, 2004 [Evangelho copta do século II traduzido e comentado por Jean-Yves Leloup].

PALMIER, S. "Pertenencia de San José al orden de la unión hipostática". *Estudios Josefinos*, 12 (1958), p. 36-62.

PESSOA, F. "O guardador de rebanhos". *Obra poética*. Rio de Janeiro: Aguilar, 1974.

PERRIN, J. *Une juste nommé Joseph*. Paris: Mediaspaul, s.d.

PERROT, C. *Les récits de l'enfance de Jesus*. Paris: Cerf, 1976.

PICCIRELLI, G.M. *San Giuseppe nell'ordine presente delia divina Providenza*; se ed in che senso puo dirsi appartenere San Giuseppe all'ordine dell'unione hipostatica. Disquisizione teologica, Castellamare di Stabia, Tipografia San Martino, 1897.

_____. "Della preminenza assoluta di San Giuseppe nell'ordine extrínseco dell'unione hipostatica". *Bolletino della Lega Sacerdotale*. Napoli/Sorrento, 1890-1891.

PIXLEY, J. & BOFF, C. *Opção pelos pobres*. Petrópolis: Vozes, 1987.

POHIER, J.M. *Au nom du Père*. Paris: Cerf, 1972.

POUTET, Y. "Saint Joseph dans la spiritualité de l'Assemblée des Amis (AA) au XVII siècle". *La figure de Joseph à l'orée du troisième millénaire*. Montreal, 1999, p. 101-119.

PUJIULA, J. "Aptitud de San José para el orden hipostático". *Revista San José de la Montana* (Barcelona), 47 (1951), p. 55-56, 100-101.

RAMOS, Lincoln. *A história do nascimento de Maria* – Protoevangelho de Tiago. Petrópolis: Vozes, 1991 [Coleção Bíblia Apócrifa].

_____. *Morte e assunção de Maria* – Trânsito de Maria: Livro do Descanso. Petrópolis: Vozes, 1991 [Coleção Bíblia Apócrifa].

_____. *Fragmentos dos evangelhos apócrifos*. 7. ed. Petrópolis: Vozes, 1990 [Coleção Bíblia Apócrifa].

_____. *São José e o Menino Jesus* – História de José o carpinteiro. Evangelho do pseudo-Tomé. 5. ed. Petrópolis: Vozes, 1990 [Coleção Bíblia Apócrifa].

RASCO, E. "El anuncio a José (Mt 1,18-25)". *Cahiers de Joséphologie*, 19 (1960), p. 81-103.

RESCH, A. *Der Traum im Heilsplan Gottes*: Deutung und Bedetung des Traumes im A.T. Freiburg: Herder, 1964.

RICOEUR, P. "A paternidade: da fantasia ao símbolo". *O conflito das interpretações*. Rio de Janeiro: [s.e.], 1978.

RIEDL, J. *Die Vorgeschichte jesu*. Stuttgart: [s.e.], 1968.

RISÉ, C. "Alla ricerca del padre". *L'Officina*, 2 (2003), p. 46-50.

_____. *Il padre*: l'assente innaccettabile. Roma: Edizione Sun Paolo, 2003.

_____. "L'occidente senza padre". *Da Area* 73. out. 2003.

ROBERT, P. "Joseph de Bethléem et la spiritualité des pauvres de Yahvé". *La figure de Joseph à l'orée du troisième millénaire, Cahiers 6 de l'Oratoire Saint Joseph*. Montreal, 1999, p. 69-100.

ROCHAIS, G. "La figure de Joseph dans les récits de l'enfance selon saint Matthieu". *La figure de Joseph à l'orée du troisième millénaire*. Montreal, 1999, p. 21-37.

ROMAN DE LA IMACULADA, OCA. "Pertenencia de San José al orden de la unión hipostática". *Estudios Josefinos*, 10 (1956), p. 147-156.

RONDET, H. "Saint Joseph, histoire et théologie". *Nouvelle Revue Théologique*, fev. 1953.

_____. *Saint Joseph*: textes anciennes avec une introduction. Paris: Lethillieux, 1953.

ROSANAS, J. *Teologia de San José*. Buenos Aires: [s.e.], 1949.

SAMSON, H. "San Giuseppe e l'ordine dell'unione ipostatica". *Movimento Giuseppino*, 10 (abr. 1966), p. 8-18.

SANABRIA, J.R. "Le mysterieux silence de Saint Joseph". *Cahiers 11 de l'Oratoire Saint-Joseph*. Montreal, dez. 2001, p. 9-22.

SANFORD, J.A. *Dreams*: God's forgotten language. Nova York: HarperSan Francisco, 1988.

SAUVÉ, Ch. *Le mystère de Joseph*. Nice: Éditions de l'Agneau, 1978.

SCHNACKENBURG, R. "A ressurreição de Jesus Cristo como ponto histórico da fé em Cristo". *Mysterium Salutis* III/2. Petrópolis: Vozes, 1973, p. 8-15.

SCHUMAKER, A. "A Trindade mediadora – Primícias da redenção". Manuscrito: I. Mariologia: o Pneuma personificado; II. Cristologia: o Filho personificado; III. Josefologia: o Pai personificado (19 mar. 1987).

SCHREDER, F.S. "S. Joseph et l'union hypostatique" [em polonês]. *Ruch Biblijny i Liturgiczny*, 27 (1974), p. 215-220.

SEGUNDO, J.L. *A história perdida e recuperada de Jesus de Nazaré*. São Paulo: Paulus, 1997.

SEITZ, J. *Die Verehrung des hl. Joseph in ihrer geschtlichen Entwicklung bis zum Konzil von Trient dargestellt*. Freiburg: Herder, 1908.

SICARI, A. "Joseph Justus (Mt 1,19); la storia dell'interpretazione e le nuove prospettive". *Cahiers de Joséphologie*, 19 (1960), p. 53-61.

SOBRINO, J. *Cristologia a partir da América Latina*. Petrópolis: Vozes, 1983.

SOLÁ I CARRIO, F. de P. "Pertenencia de San José al orden hipostático". *Estudios Josefinos*, 16 (1962), p. 129-146.

SOROR DANUTA SIUTA. "La figure de Joseph à l'orée du troisième millénaire". *Cahiers 6 de l'Oratoire Saint-Joseph*. Montreal, 1999, p. 51-68.

SOROR DOLORES. "Sain Joseph et les crises de la vie". *Cahiers 6 de l'Oratoire Saint-Joseph*. Montreal, jun. 1999, p. 51-68.

SPICQ, C. "Joseph, son mari, étant juste... (Mt 1,19)". *Revue Biblique*, 71 (1964), p. 206-214.

SQUILLACI, D. "Matrimonio di S. Giuseppe (Mt 1,19)". *Palestra Del Clero*, 42 (1963), p. 659-666.

STÖHR, J. "Zur Theologie und Verehrung des heiligen Josef in Deutschland seit der Säkularisation". *Josefstudien*, 2 (mar. 1994), p. 8-14.

STRAMARE, T. *Vangelo dei Misteri della Vita nascota di Gesù.* Bornato in Franciacorta: Sardini, 1998.

_____. *Gesù lo chiamò Padre*; rassegna storico-dottrinale su San Giuseppe. Città del Vaticano, 1997.

_____. "L'annunciazione a Giuseppe in Mt 1,18-25: analisi letteraria e significato teológico". *Cahiers de Joséphologie*, 39 (1991), p. 55-76.

_____. "Giuseppe". *Dizionario di mariologia.* Torino, 1985, p. 633-655.

_____. *San Giuseppe nella S. Scrittura, nella Teologia e nel culto.* Roma: [s.e.], 1983.

_____. *Figlio di Giuseppe da Nazaret, problemi dell'infanzia di Gesù.* Rovigo: [s.e.], 1972.

_____. "I sogni di S. Giuseppe". *Cahiers de Joséphologie*, 19 (1971), p. 104-122.

SUÁREZ, F. "Commentarium in Tertiam (da Suma Teológica de Santo Tomás de Aquino), q. 29, a. 2, disp. 8, sectio I, n. 10". *Opera Omnia.* Paris: Vivès, 1860, t. 19.

SUENENS, L.J. "Saint Joseph et le renouveau familial". *L'église en marche*. 11 mar. 1962.

THEISSEN, G. & MERZ, A. *O Jesus histórico*: um manual. São Paulo: Loyola, 2002.

TRILLING, W. *Jesús y los problemas de su historicidad*. Barcelona: Herder, 1970.

VIDAL, Marciano. *Moral das atitudes*. 4 vols. São Paulo: Paulinas, 1991-1994.

VISCHER, W. "Comment arriva la naissance de Jésus-Christ? Meditation sur le rôle de Joseph selon Mt 1,25". *Etudes théologiques et religieuses*, 37 (1962), p. 365-370.

LIVROS DE LEONARDO BOFF

1 – *O Evangelho do Cristo Cósmico*. Petrópolis: Vozes, 1971. • Reeditado pela Record (Rio de Janeiro), 2008.

2 – *Jesus Cristo libertador*. Petrópolis: Vozes, 1972.

3 – *Die Kirche als Sakrament im Horizont der Welterfahrung*. Paderborn: Verlag Bonifacius-Druckerei, 1972 [Esgotado].

4 – *A nossa ressurreição na morte*. Petrópolis: Vozes, 1972.

5 – *Vida para além da morte*. Petrópolis: Vozes, 1973.

6 – *O destino do homem e do mundo*. Petrópolis: Vozes, 1973.

7 – *Experimentar Deus*. Petrópolis: Vozes, 2012 [Publicado em 1974 pela Vozes com o título *Atualidade da experiência de Deus*].

8 – *Os sacramentos da vida e a vida dos sacramentos*. Petrópolis: Vozes, 1975.

9 – *A vida religiosa e a Igreja no processo de libertação*. 2. ed. Petrópolis: Vozes/CNBB, 1975 [Esgotado].

10 – *Graça e experiência humana*. Petrópolis: Vozes, 1976.

11 – *Teologia do cativeiro e da libertação*. Lisboa: Multinova, 1976. • Reeditado pela Vozes, 1998.

12 – *Natal*: a humanidade e a jovialidade de nosso Deus. Petrópolis: Vozes, 1976.

13 – *Eclesiogênese* – As comunidades reinventam a Igreja. Petrópolis: Vozes, 1977. • Reeditado pela Record (Rio de Janeiro), 2008.

14 – *Paixão de Cristo, paixão do mundo*. Petrópolis: Vozes, 1977.

15 – *A fé na periferia do mundo*. Petrópolis: Vozes, 1978 [Esgotado].

16 – *Via-sacra da justiça*. Petrópolis: Vozes, 1978 [Esgotado].

17 – *O rosto materno de Deus*. Petrópolis: Vozes, 1979.

18 – *O Pai-nosso* – A oração da libertação integral. Petrópolis: Vozes, 1979.

19 – (com Clodovis Boff) *Da libertação* – O teológico das libertações sócio-históricas. Petrópolis: Vozes, 1979 [Esgotado].

20 – *O caminhar da Igreja com os oprimidos*. Rio de Janeiro: Codecri, 1980. • Reeditado pela Vozes (Petrópolis), 1988.

21 – *A Ave-Maria* – O feminino e o Espírito Santo. Petrópolis: Vozes, 1980.

22 – *Libertar para a comunhão e participação.* Rio de Janeiro: CRB, 1980 [Esgotado].

23 – *Igreja*: carisma e poder. Petrópolis: Vozes, 1981. • Reedição ampliada: Ática (Rio de Janeiro), 1994; • Record (Rio de Janeiro) 2005.

24 – *Crise, oportunidade de crescimento.* Petrópolis: Vozes, 2011 [Publicado em 1981 pela Vozes com o título *Vida segundo o Espírito*].

25 – *São Francisco de Assis* – ternura e vigor. Petrópolis: Vozes, 1981.

26 – *Via-sacra para quem quer viver.* Petrópolis: Vozes, 1991 [Publicado em 1982 pela Vozes com o título *Via-sacra da ressurreição*].

27 – *O livro da Divina Consolação.* Petrópolis: Vozes, 2006 [Publicado em 1983 com o título de *Mestre Eckhart*: a mística do ser e do não ter].

28 – *Ética e ecoespiritualidade.* Petrópolis: Vozes, 2011 [Publicado em 1984 pela Vozes com o título *Do lugar do pobre*].

29 – *Teologia à escuta do povo.* Petrópolis: Vozes, 1984 [Esgotado].

30 – *A cruz nossa de cada dia.* Petrópolis: Vozes, 2012 [Publicado em 1984 pela Vozes com o título *Como pregar a cruz hoje numa sociedade de crucificados*].

31 – (com Clodovis Boff) *Teologia da Libertação no debate atual.* Petrópolis: Vozes, 1985 [Esgotado].

32 – *A Trindade e a sociedade.* Petrópolis: Vozes, 2014 [publicado em 1986 com o título *A Trindade, a sociedade e a libertação*].

33 – *E a Igreja se fez povo.* Petrópolis: Vozes, 1986 (esgotado). • Reeditado em 2011 com o título *Ética e ecoespiritualidade*, em conjunto com *Do lugar do pobre*.

34 – (com Clodovis Boff) *Como fazer Teologia da Libertação?* Petrópolis: Vozes, 1986.

35 – *Die befreiende Botschaft.* Friburgo: Herder, 1987.

36 – *A Santíssima Trindade é a melhor comunidade.* Petrópolis: Vozes, 1988.

37 – (com Nelson Porto) *Francisco de Assis* – homem do paraíso. Petrópolis: Vozes, 1989. • Reedição modificada em 1999.

38 – *Nova evangelização*: a perspectiva dos pobres. Petrópolis: Vozes, 1990 [Esgotado].

39 – *La misión del teólogo em la Iglesia.* Estella: Verbo Divino, 1991.

40 – *Seleção de textos espirituais.* Petrópolis: Vozes, 1991 [Esgotado].

41 – *Seleção de textos militantes.* Petrópolis: Vozes, 1991 [Esgotado].

42 – *Con La libertad del Evangelio.* Madri: Nueva Utopia, 1991.

43 – *América Latina*: da conquista à nova evangelização. São Paulo: Ática, 1992 [Esgotado].

44 – *Ecologia, mundialização e espiritualidade*. São Paulo: Ática, 1993. • Reeditado pela Record (Rio de Janeiro), 2008.

45 – (com Frei Betto) *Mística e espiritualidade*. Rio de Janeiro: Rocco, 1994. • Reedição revista e ampliada pela Vozes (Petrópolis), 2010.

46 – *Nova era*: a emergência da consciência planetária. São Paulo: Ática, 1994. • Reeditado pela Sextante (Rio de Janeiro) em 2003 com o título de *Civilização planetária*: desafios à sociedade e ao cristianismo [Esgotado].

47 – *Je m'explique*. Paris: Desclée de Brouwer, 1994.

48 – (com A. Neguyen Van Si) *Sorella Madre Terra*. Roma: Ed. Lavoro, 1994.

49 – *Ecologia* – Grito da terra, grito dos pobres. São Paulo: Ática, 1995. • Reeditado pela Record (Rio de Janeiro) em 2015.

50 – *Princípio Terra* – A volta à Terra como pátria comum. São Paulo: Ática, 1995 [Esgotado].

51 – (org.) *Igreja*: entre norte e sul. São Paulo: Ática, 1995 [Esgotado].

52 – (com José Ramos Regidor e Clodovis Boff) *A Teologia da Libertação*: balanços e perspectivas. São Paulo: Ática, 1996 [Esgotado].

53 – *Brasa sob cinzas*. Rio de Janeiro: Record, 1996.

54 – *A águia e a galinha*: uma metáfora da condição humana. Petrópolis: Vozes, 1997.

55 – *A águia e a galinha*: uma metáfora da condição humana. Edição comemorativa – 20 anos. Petrópolis: Vozes, 2017.

56 – (com Jean-Yves Leloup, Pierre Weil, Roberto Crema) *Espírito na saúde*. Petrópolis: Vozes, 1997.

57 – (com Jean-Yves Leloup, Roberto Crema) *Os terapeutas do deserto* – De Fílon de Alexandria e Francisco de Assis a Graf Dürckheim. Petrópolis: Vozes, 1997.

58 – *O despertar da águia*: o dia-bólico e o sim-bólico na construção da realidade. Petrópolis: Vozes, 1998.

59 – *O despertar da águia*: o dia-bólico e o sim-bólico na construção da realidade. Edição especial. Petrópolis: Vozes, 2017.

60 – *Das Prinzip Mitgefühl* – Texte für eine bessere Zukunft. Friburgo: Herder, 1999.

61 – *Saber cuidar* – Ética do humano, compaixão pela terra. Petrópolis: Vozes, 1999.

62 – *Ética da vida*. Brasília: Letraviva, 1999. • Reeditado pela Record (Rio de Janeiro), 2009.

63 – *Coríntios* – Introdução. Rio de Janeiro: Objetiva, 1999 (Esgotado).

64 – *A oração de São Francisco*: uma mensagem de paz para o mundo atual. Rio de Janeiro: Sextante, 1999. • Reeditado pela Vozes (Petrópolis), 2014.

65 – *Depois de 500 anos*: que Brasil queremos? Petrópolis: Vozes, 2000 [Esgotado].

66 – *Voz do arco-íris*. Brasília: Letraviva, 2000. • Reeditado pela Sextante (Rio de Janeiro), 2004 [Esgotado].

67 – (com Marcos Arruda) Globalização: desafios socioeconômicos, éticos e educativos. Petrópolis: Vozes, 2000.

68 – *Tempo de transcendência* – O ser humano como um projeto infinito. Rio de Janeiro: Sextante, 2000. • Reeditado pela Vozes (Petrópolis), 2009.

69 – (com Werner Müller) *Princípio de compaixão e cuidado*. Petrópolis: Vozes, 2000.

70 – *Ethos mundial* – Um consenso mínimo entre os humanos. Brasília: Letraviva, 2000. • Reeditado pela Record (Rio de Janeiro) em 2009.

71 – *Espiritualidade* – Um caminho de transformação. Rio de Janeiro: Sextante, 2001. • Reeditado pela Mar de Ideias (Rio de Janeiro) em 2016.

72 – *O casamento entre o céu e a terra* – Contos dos povos indígenas do Brasil. São Paulo: Salamandra, 2001. • Reeditado pela Mar de Ideias (Rio de Janeiro) em 2014.

73 – *Fundamentalismo*. Rio de Janeiro: Sextante, 2002. • Reedição ampliada e modificada pela Vozes (Petrópolis) em 2009 com o título *Fundamentalismo, terrorismo, religião e paz*.

74 – (com Rose Marie Muraro) *Feminino e masculino*: uma nova consciência para o encontro das diferenças. Rio de Janeiro: Sextante, 2002. • Reeditado pela Record (Rio de Janeiro), 2010.

75 – *Do iceberg à arca de Noé*: o nascimento de uma ética planetária. Rio de Janeiro: Garamond, 2002. • Reeditado pela Mar de Ideias (Rio de Janeiro), 2010.

76 – *Crise*: oportunidade de crescimento. Campinas: Verus, 2002. • Reeditado pela Vozes (Petrópolis) em 2011.

77 – (com Marco Antônio Miranda) *Terra América*: imagens. Rio de Janeiro: Sextante, 2003 [Esgotado].

78 – *Ética e moral*: a busca dos fundamentos. Petrópolis: Vozes, 2003.

79 – *O Senhor é meu Pastor*: consolo divino para o desamparo humano. Rio de Janeiro: Sextante, 2004. • Reeditado pela Vozes (Petrópolis), 2013.

80 – *Responder florindo*. Rio de Janeiro: Garamond, 2004 [Esgotado].

81 – *Novas formas da Igreja*: o futuro de um povo a caminho. Campinas: Verus, 2004 [Esgotado].

82 – *São José*: a personificação do Pai. Campinas: Verus, 2005. • Reeditado pela Vozes (Petrópolis), 2012.

83 – *Un Papa difficile da amare*: scritti e interviste. Roma: Datanews Ed., 2005.

84 – *Virtudes para um outro mundo possível* – Vol. I: Hospitalidade: direito e dever de todos. Petrópolis: Vozes, 2005.

85 – *Virtudes para um outro mundo possível* – Vol. II: Convivência, respeito e tolerância. Petrópolis: Vozes, 2006.

86 – *Virtudes para um outro mundo possível* – Vol. III: Comer e beber juntos e viver em paz. Petrópolis: Vozes, 2006.

87 – *A força da ternura* – Pensamentos para um mundo igualitário, solidário, pleno e amoroso. Rio de Janeiro: Sextante, 2006. • Reeditado pela Mar de Ideias (Rio de Janeiro) em 2012.

88 – *Ovo da esperança*: o sentido da Festa da Páscoa. Rio de Janeiro: Mar de Ideias, 2007.

89 – (com Lúcia Ribeiro) *Masculino, feminino*: experiências vividas. Rio de Janeiro: Record, 2007.

90 – *Sol da esperança* – Natal: histórias, poesias e símbolos. Rio de Janeiro: Mar de Ideias, 2007.

91 – *Homem*: satã ou anjo bom. Rio de Janeiro: Record, 2008.

92 – (com José Roberto Scolforo) *Mundo eucalipto*. Rio de Janeiro: Mar de Ideias, 2008.

93 – *Opção Terra*. Rio de Janeiro: Record, 2009.

94 – *Meditação da luz*. Petrópolis: Vozes, 2010.

95 – *Cuidar da Terra, proteger a vida*. Rio de Janeiro: Record, 2010.

96 – *Cristianismo*: o mínimo do mínimo. Petrópolis: Vozes, 2011.

97 – *El planeta Tierra*: crisis, falsas soluciones, alternativas. Madri: Nueva Utopia, 2011.

98 – (com Marie Hathaway) *O Tao da Libertação* – Explorando a ecologia da transformação. 2. ed. Petrópolis: Vozes, 2012.

99 – *Sustentabilidade*: O que é – O que não é. Petrópolis: Vozes, 2012.

100 – *Jesus Cristo Libertador*: ensaio de cristologia crítica para o nosso tempo. Petrópolis: Vozes, 2012 [Selo Vozes de Bolso].

101 – *O cuidado necessário*: na vida, na saúde, na educação, na ecologia, na ética e na espiritualidade. Petrópolis: Vozes, 2012.

102 – *As quatro ecologias: ambiental, política e social, mental e integral*. Rio de Janeiro: Mar de Ideias, 2012.

103 – *Francisco de Assis* – Francisco de Roma: a irrupção da primavera? Rio de Janeiro: Mar de Ideias, 2013.

104 – *O Espírito Santo* – Fogo interior, doador de vida e Pai dos pobres. Petrópolis: Vozes, 2013.

105 – (com Jürgen Moltmann) *Há esperança para a criação ameaçada?* Petrópolis: Vozes, 2014.

106 – *A grande transformação*: na economia, na política, na ecologia e na educação. Petrópolis: Vozes, 2014.

107 – *Direitos do coração* – Como reverdecer o deserto. São Paulo: Paulus, 2015.

108 – *Ecologia, ciência, espiritualidade* – A transição do velho para o novo. Rio de Janeiro: Mar de Ideias, 2015.

109 – *A Terra na palma da mão* – Uma nova visão do planeta e da humanidade. Petrópolis: Vozes, 2016.

110 – (com Luigi Zoja) *Memórias inquietas e persistentes de L. Boff.* São Paulo: Ideias & Letras, 2016.

111 – (com Frei Betto e Mario Sergio Cortella) *Felicidade foi-se embora?* Petrópolis: Vozes Nobilis, 2016.

112 – *Ética e espiritualidade* – Como cuidar da Casa Comum. Petrópolis: Vozes, 2017.

113 – *De onde vem?* – Uma nova visão do universo, da Terra, da vida, do ser humano, do espírito e de Deus. Rio de Janeiro: Mar de Ideias, 2017.

114 – *A casa, a espiritualidade, o amor.* São Paulo: Paulinas, 2017.

115 – (com Anselm Grün) *O divino em nós.* Petrópolis: Vozes Nobilis, 2017.

116 – *O livro dos elogios*: o significado do insignificante. São Paulo: Paulus, 2017.

117 – *Brasil* – Concluir a refundação ou prolongar a dependência? Petrópolis: Vozes, 2018.

118 – *Reflexões de um velho teólogo e pensador.* Petrópolis: Vozes, 2018.

119 – *A saudade de Deus* – A força dos pequenos. Petrópolis: Vozes, 2020.

120 – *Covid-19* – *A Mãe Terra contra-ataca a Humanidade*: Advertências da pandemia. Petrópolis: Vozes, 2020.

121 – *O doloroso parto da Mãe Terra* – Uma sociedade de fraternidade sem fronteiras e de amizade social. Petrópolis: Vozes, 2021.

ÍNDICE

Prefácio, 7

O evangelho de José, 9
  1 Genealogia de seu filho Jesus, 9
  2 Anunciação do nascimento de seu filho Jesus, 9
  3 O nascimento de seu filho Jesus, 10
  4 A fuga para o Egito, 10
  5 A família vai morar em Nazaré, 11
  6 Apresentação de Jesus no Templo, 11
  7 Jesus aos 12 anos no Templo, 11
  8 Filho de José, o carpinteiro, 12

1 Como falar de São José hoje, 13
  1 O resgate da figura de São José, 13
  2 O objetivo de nossa reflexão, 16
  3 São José nos ajuda a entender mais de Deus, 19
  4 Da obscuridade à plena luz, 21

2 Desfazendo mal-entendidos e clichês, 27
  1 José, um homem sem mulher?, 28
  2 Uma família de desiguais?, 30
  3 José, um velho e viúvo?, 31
  4 Havia amor entre José e Maria?, 34
  5 Faz sentido um matrimônio entre Maria e José?, 38

3 José da história: artesão, pai, esposo e educador, 43
  1 José, o artesão-carpinteiro, 44
  2 José, esposo de Maria, 46
  3 José, pai de Jesus, 54
  4 Os irmãos e as irmãs de Jesus, 59
  5 José, homem justo, 61
  6 José, o nazareno, o "severino", 63

7 José cuida da família no exílio e nas mudanças, 67
8 José educa Jesus e o introduz nas tradições, 70
9 Os sonhos de José, 77
10 O silêncio de José, 80

4 O São José da fé: os evangelhos, 87
1 A teologia da infância de Jesus, 87
   a) *A perspectiva de São Mateus acerca de José*, 90
   b) *A perspectiva de São Lucas acerca de José*, 91
2 A teologia de São Lucas acerca de José, 92
3 A teologia de São Mateus acerca de José, 98
4 Elementos comuns nas duas teologias, 104

5 O São José do imaginário: os apócrifos, 107
1 Os apócrifos: a imaginação da fé, 108
2 Os apócrifos de São José, 111
   a) *O protoevangelho de Tiago*, 111
   b) *José no evangelho do pseudo-Tomé*, 114
   c) *A história de José, o carpinteiro*, 117
   d) *Diálogos de Jesus, Maria e José*, 121
   e) *Evangelho árabe da infância de Jesus*, 124
   f) *O evangelho do pseudo-Mateus*, 126
   g) *O evangelho do nascimento de Maria*, 126

6 O São José da razão: a reflexão teológica, 129
1 São José na história das ideias teológicas, 130
2 São José no culto da Igreja e nos documentos pontifícios, 141

7 O São José de Deus: a ordem da união hipostática, 147
1 São José participa da economia da salvação, 149
2 São José pertence à ordem hipostática, 151
3 A pertença à ordem hipostática: uma ideia pacífica, 153
4 São José: a "sombra" do Pai, 157
5 São José, a personificação do Pai, 160

8 São José do Pai: a personalização, 165
1 Deus é Trindade e se revela assim como é, 165
2 A personificação do Pai em José, 170
3 Categorias bíblicas para a morada de Deus, 172

9 A Família divina na família humana, 175
   1 A Santíssima Trindade não é número, é comunhão de diferentes, 175
   2 A Santíssima Trindade é a Família divina, 179
   3 A Família divina se personifica na família humana, 181
   4 Uma realidade dinâmica e tensa, 183

10 O Pai celeste no pai terrestre, 187
   1 O ser, o fazer e o relacionar-se do Pai, 187
   2 O Pai é Pai do Filho antes de ser o Criador, 190
   3 José, pai terrestre conatural ao Pai celeste, 192
   4 São José tinha consciência de ser a personificação do Pai?, 194

11 A família à luz da sagrada família, 197
   1 Família: utopia e realidade, 197
   2 A família e as transformações histórico-sociais, 199
   3 Desafios das novas formas de coabitação, 202
   4 A sagrada família e a família moderna, 206

12 A figura do pai à luz de São José, 213
   1 O eclipse da figura do pai, 213
   2 A sociedade da Grande Mãe e a crise do pai, 216
   3 O princípio antropológico do pai e os modelos históricos, 217
   4 São José, pai exemplar, 222

Conclusão A Santíssima Trindade inteira está entre nós, 227
   1 Uma visão completa e totalizante de Deus, 227
   2 A espiritualidade do cotidiano, 228
   3 São José, patrono da "Igreja doméstica", 229
   4 A espiritualidade da "gente boa", 231

Referências, 235

Livros de Leonardo Boff, 247

CULTURAL

Administração
Antropologia
Biografias
Comunicação
Dinâmicas e Jogos
Ecologia e Meio Ambiente
Educação e Pedagogia
Filosofia
História
Letras e Literatura
Obras de referência
Política
Psicologia
Saúde e Nutrição
Serviço Social e Trabalho
Sociologia

CATEQUÉTICO PASTORAL

Catequese
Geral
Crisma
Primeira Eucaristia

Pastoral
Geral
Sacramental
Familiar
Social
Ensino Religioso Escolar

TEOLÓGICO ESPIRITUAL

Biografias
Devocionários
Espiritualidade e Mística
Espiritualidade Mariana
Franciscanismo
Autoconhecimento
Liturgia
Obras de referência
Sagrada Escritura e Livros Apócrifos

Teologia
Bíblica
Histórica
Prática
Sistemática

REVISTAS

Concilium
Estudos Bíblicos
Grande Sinal
REB (Revista Eclesiástica Brasileira)

VOZES NOBILIS

Uma linha editorial especial, com importantes autores, alto valor agregado e qualidade superior.

VOZES DE BOLSO

Obras clássicas de Ciências Humanas em formato de bolso.

PRODUTOS SAZONAIS

Folhinha do Sagrado Coração de Jesus
Calendário de mesa do Sagrado Coração de Jesus
Agenda do Sagrado Coração de Jesus
Almanaque Santo Antônio
Agendinha
Diário Vozes
Meditações para o dia a dia
Encontro diário com Deus
Guia Litúrgico

CADASTRE-SE
www.vozes.com.br

EDITORA VOZES LTDA.
Rua Frei Luís, 100 – Centro – Cep 25689-900 – Petrópolis, RJ
Tel.: (24) 2233-9000 – Fax: (24) 2231-4676 – E-mail: vendas@vozes.com.br

UNIDADES NO BRASIL: Belo Horizonte, MG – Brasília, DF – Campinas, SP – Cuiabá, MT
Curitiba, PR – Fortaleza, CE – Goiânia, GO – Juiz de Fora, MG
Manaus, AM – Petrópolis, RJ – Porto Alegre, RS – Recife, PE – Rio de Janeiro, RJ
Salvador, BA – São Paulo, SP